北条義時と同時代を生きたキーパーソンたち

激動の鎌倉時代を駆け抜けた者たちの生涯を描く

BOOKS

武家社会を確立させた北条義時が生きた時代とは

本書では、そのタイトルの通り、鎌倉幕府の二代執権・北条義時と同時代に生きた歴史上の人物をピックアップして紹介することで、この時代をひもといていく。具体的には、保元の乱が起きた保元元（1156）年から承久の乱が起きた承久3（1221）年までの65年間に存命し、義時の人生に影響を与えた人物を中心に、その足跡をたどる。

義時の生きた時代をひと言で言い表すと「貴族社会から武家社会への転換期」と言える。

平安時代の身分制度は、天皇を頂点に、すぐ下に公家と呼ばれる貴族がいて、その公家の中でも高級・中級・下級などと細かく位が分かれていた。もちろん、政治を行うのも公家たちだった。武士はその下で貴族の警護をするのが主な仕事で、政治に口を挟む余地はまったくなかった。位の低い武士が、位の高い公家に口を利くのもはばかられるほど、厳然とした階級社会が根付いていた。

この絶対的なパワーバランスが崩れたのが、平安時代後期から北条義時が生きたこの鎌倉時代ということになる。その端緒となったのが保元の乱。もとは崇徳上皇と後白河天皇の権力抗争だったが、それぞれが武士を動員し、大きな武力衝突となったのだ。まさに武士の世の始まりを告げる号砲が鳴らされたのである。その武士の世の到来を導いたのが、平清盛と源頼朝の二人である。

清盛は、圧倒的な武力に加え、宋との貿易で財力も貯えるなど、政治力と経済力を併せ持ったリーダーだった。彼がいたからこそ「平家にあらずんば人にあらず」と言われたほどの栄華が築けたのである。

頼朝は、20年もの配流生活を強《し》いられながら、持ち前のバランス感覚を発揮し、鎌倉に築いた武家社会の仕組みを朝廷に認めさせ、全国へと展開することに成功した。

清盛が種をまき、頼朝が芽吹かせた武家社会を最初に花開かせたのは、本書の主人公でもある北条義時。彼は承久の乱で後鳥羽上皇から売られた喧嘩を買い、力をもって破り、その実力を見せつけた。これにより、貴族社会が一つの終焉を迎え、その後６５０年続く武家社会のスタートとなった。清盛、頼朝と比べると地味な存在の義時だが、その功績は高く評価されるべきだろう。

本書は、この時代の転換期で活躍したキーパーソンたちがどのような生涯を送ったのか、「北条家」「源氏」「平氏」「坂東武士」といったカテゴリーに分けて紹介していく。

彼らが何を考え、どのように振る舞ったのか。一人ひとりに注目してみると、この時代がより面白く感じることだろう。

本書で紹介する主要事項年表

久安3（1147）年……………源頼朝誕生
保元元（1156）年……………保元の乱
平治元（1159）年……………平治の乱
永暦元（1160）年……………頼朝が伊豆国に配流される
長寛元（1163）年……………北条義時誕生
治承4（1180）年……………頼朝が挙兵
富士川の戦いで源氏が勝利
元暦2（1185）年……………壇ノ浦の戦いで平家滅亡
文治5（1189）年……………奥州合戦で奥州藤原氏滅亡
建久元（1190）年……………頼朝が上洛
建久3（1192）年……………頼朝が征夷大将軍を任官

当時の様子を伝える歴史書

時代考証を行う上で必要になるのが、当時の政治や人々の様子を描いた歴史書。本書の舞台となる、平安時代末期から鎌倉時代初期にかけては鎌倉幕府が編纂した歴史書『吾妻鏡』をはじめ、いくつかの資料が存在する。本書で参考とした主な歴史書は以下の通り。

『吾妻鏡』
鎌倉時代に成立した歴史書。鎌倉幕府初代将軍・源頼朝から六代将軍・宗尊親王までの事績が記されている。

『愚管抄』
天台宗の僧侶・慈円が残した鎌倉時代前期の歴史書。日本三大史論書のひとつと言われている。全7巻。

『平家物語』
鎌倉時代に成立されたと言われる軍記物語。平家の栄華と没落や、武士階級が台頭する様子が描かれている。

建久8(1197)年……後鳥羽上皇による院政が開始
建久10(1199)年……頼朝急死
正治2(1200)年……梶原景時の変
建仁2(1202)年……源頼家が征夷大将軍を任官
建仁3(1203)年……比企能員の変
元久元(1204)年……頼家、修善寺で惨殺される
元久2(1205)年……畠山重忠の乱・牧氏事件
建暦3(1213)年……和田合戦
建保6(1218)年……源実朝が右大臣に
建保7(1219)年……実朝が公暁に斬殺される
承久3(1221)年……後鳥羽上皇、義時追討の院宣
承久の乱

『源平盛衰記』

数多くある『平家物語』の異本の一つ。全48巻。源氏関係の記事や挿話を多く挟んでいるのが特徴。


『尊卑分脈』

南北朝時代から室町時代初期に成立した諸家の系図の集大成。正式名称は『新編纂図本朝尊卑分脈系譜雑類要集』。


『曽我物語』

建久4(1193)年に源頼朝が開催した富士の巻狩の際に起きた、曽我兄弟による敵討ちを題材にした軍記物語。


『玉葉』

平安末期から鎌倉時代初期にかけて摂関家の九条兼実が書いた日記。この時代の政治や経済に詳しい貴重な資料。


『明月記』

鎌倉時代の公家・歌人の藤原定家の日記。治承4(1180)年から、嘉禎元(1235)年までを克明に記録している。

INTERVIEW

鎌倉時代を理解するための5つのポイント

中世・鎌倉時代というと、
私たち一般読者にはあまりなじみのない時代。
そこで2022年NHK大河ドラマ
『鎌倉殿の13人』の時代考証を担当する
坂井孝一氏に鎌倉時代を理解するための
ポイントを聞いた。

坂井孝一
さかいこういち

1958年、東京都生まれ。東京大学文学部卒業。同大学大学院人文科学研究科博士課程単位取得。博士（文学）。現在、創価大学教授。専門は日本中世史。『承久の乱－真の「武者の世」を告げる大乱』（中公新書）、『源氏将軍断絶－なぜ頼朝の血は三代で途絶えたか』（PHP新書）、『鎌倉殿と執権北条氏－義時はいかに朝廷を乗り越えたか』（NHK出版新書）など著書多数。愛猫家。

ポイント❶ 時代背景を理解する

多くの人が誤解をしていますが、鎌倉時代の日本の中心地は鎌倉ではない。あくまでこの時代の中心地は京都だったということです。朝廷が政治のトップであったことは、動かし難い事実です。

現代は東京一極集中という言葉がありますが、鎌倉時代はさしずめ京都一局集中。政治の中心であり、一大消費地でもありました。ヒトもモノも全国各地から京都へ集まってきていたのです。

詳しい数値までは分かりませんが、人口も集中し、人口密度も高かったようです。鎌倉幕府があった坂東ですら、一地方にしか過ぎませんでした。京都で一旗揚げたいと考えていた人は相当数いたと思われます。例えば、初代執権の北条時政は京都志向の強かった一人です。

鎌倉時代を理解するために、京都が現代の東京以上に政治や文化の中心地であったということは、まず押さえておきたいポイントです。次に現代からは想像もできないほど身分制度が明確であったことも、知っておくべきポイントです。

当時の武士には大番役という制度があったことをご存じでしょうか。3年交代で京都へやってきて、天皇や上皇の住まいである御所の警護をするというものです。いつ誰が警護に当たるのか、武士に意見をする余地はありません。朝廷で勝手に振り分けられていたのです。しかも、京都までの旅費などは自分持ち。身分の低い武士が、目上の存在である天皇や貴族に奉仕することは、当たり前の感覚だったのです。

現代に生きる私たちには、まったく想像することができないのですが、当時は身分の下の者が上の者に口を利くことさえはばかられる時代でした。ましてや武力をもってして黙らせるなどとは、世の中の秩序からしてもあり得ない。当時の身分制度はそれほど明確で、厳然としたものだったのです。

そのような時代に、まさに「天子に弓を引く」ともいえるような承久の乱がなぜ起きたのでしょうか?

厳しい身分制度があったことを無理矢理にでも頭の片隅に入れながら史実をたどっていくと、何か新しい発見があると思います。

ポイント❷ 源頼朝を理解する

挙兵からわずかの間に武士の都・鎌倉を作り、朝廷にその存在を認めさせた源頼朝。彼はなぜ厳然とした身分制度があるなかで、誰にも真似のできない偉業をやってのけることができたのか。彼の人物像に迫ってみましょう。

ここで押さえておきたいのが、平治の乱で敗れて以後、頼朝は20年以上も伊豆国の伊東と北条で流人生活を送っていたということです。三善康信が定期的に京都の情勢を伝えていましたが、周囲に腹心の部下はいない。味方についてくれそうなのは、北条時政など、ごくわずかだったのです。

この状況で以仁王から平家追討の令旨を受け取ったとしても、おいそれとは挙兵できな

頼朝が20年以上住んだとされる蛭ヶ島の公園(静岡県伊豆の国市)には、頼朝と政子の像が立つ

かったでしょう。仮に挙兵したとしても、戦に敗れてしまえば命を落としてしまいます。味方を簡単に増やせない以上、躊躇《ちゅうちょ》するのは当然です。

ではなぜ頼朝は挙兵できたのか。それは、彼がバランス感覚に優れた人物だったからではないでしょうか。

彼が挙兵をするためには、朝廷中心の世の中や独善的な平清盛のやり方に不満を持つ武士の力を借りる必要がありました。たとえ、呼びかけに応じたとしても、そこはライバル同士。統制はとりにくかったはずです。そこで生きたのが、流人として20年近く、周囲に味方のいない中で生き抜いてきたという経験。頼朝は実に気配り上手でバランス感覚に優れた人物だったと思われるのです。

治承4（1180）年の富士川の戦いの後がよい例でしょう。頼朝は平家軍を追って京都へ攻め上がりたいと考えていましたが、「関東平定が先」という周囲の意見を尊重し、従いました。時には人の意見に耳を貸し、逆に時には自分の主張を押し通す。こうしたバランス感覚の良さが人心を掌握することができた大きな理由だと思われます。そう思って彼の行動を見直すと、「なるほど」と思う場面が出てくるのではないでしょうか。

ポイント❸ 北条義時を理解する

生前は忠実な家臣として行動をともにし、頼朝の死後は鎌倉幕府の中枢にいながらも、どこか影が薄い印象があるのが北条義時です。

しかし、頼朝が築いた武家社会の礎を、さらに発展させたのも義時その人に他ならないのです。この時代を理解するために、義時の性格やその業績をきちんと把握することは、とても意義のあることだと思います。

義時の研究を進めるほどに感

じるのは頼朝との親和性の高さ。常に周囲とのバランスを取りながら慎重に物事を進める様子はまさに頼朝と酷似しています。

恐らく頼朝も、義時は自分と似ていると感じていたはず。政務を進める上で重用していましたが、表立った場面で起用するのは別の御家人でした。義時には裏に回って陰で差配するような役に就かせているのです。そうした役回りこそ義時に向いていると頼朝は理解していたに違いありません。

考えてみれば、二人は、頼朝が伊豆国で流人生活を送っている頃からの顔なじみ。そして挙兵後は常に行動を共にしてきた仲です。頼朝には、次代の担い手として、幕政を担う姿を手本として示したいという思いがあったのでしょう。その一方で、義時は、頼朝の一挙手一投足を心にとどめておきたいと考えていたのではないでしょうか。

二人の政治信条や行動、施策が似てくるのは至極当然のことだと言えます。そんな目で二人の足跡をたどってみるのもまた一興です。

ポイント④ 承久の乱を理解する

承久3（1221）年に起きた承久の乱は、武士が政治の実権を握ることに成功した、日本史上で大きな転換点となった戦いです。

よく考えてみると当時は身分制度が厳しい時代のはず。位の高い朝廷と、位の低い武士がなぜ対峙《たいじ》することになったのか。

きっかけは三代将軍・源実朝が暗殺されたこと。後鳥羽上皇からすれば、幕府の奉行である義時が、将軍の暗殺を防げなかったばかりか、後継問題が原因で焼失した大内裏の再建にも協力しない、それが許せなかった。「身分の高い者に対する態度ではない」という心境だったのではないでしょうか。

「目障りな義時をなんとかしたい」。

そう考えた後鳥羽上皇は、義時

だけを標的とする院宣と官宣旨を発給します。驚いたのは義時。こちらから後鳥羽上皇に攻撃を仕掛けるなどもってのほかですが、何もしないままではやられてしまう。だから、売られた喧嘩を買うことにしたのでしょう。この戦いはすべて後鳥羽上皇から発信されたもの。義時は死にたくないから応戦したまでです。

そこで北条政子の名演説となる訳です。後鳥羽上皇が義時だけを朝敵としていることは隠しておきます。まさか幕府の大軍が押し寄せてくるとも思わず、油断していた後鳥羽上皇の軍勢はあっさりと敗れてしまった、というのが、承久の乱のおおよその顛末です。

が、この結果の残した衝撃は実に大きなものでした。朝廷と幕府のパワーバランスが崩れ、本格的な武家社会が始まりを告げたのです。普段は慎重な義時の大胆な決断が日本の歴史を大きく変えたと言えるでしょう。承久の乱はそれほど大きな出来事だったのです。

ポイント⑤ 鎌倉時代の面白さを理解する

数多い歴史ファンの中でも鎌倉時代が好きという人はあまりいないのではないでしょうか。どうしても戦国時代や幕末の人気が高くなるのは仕方がないと思います。

確かに平安時代や鎌倉時代は資料や情報が少ないので、どこか外国のことのように感じてしまうのでは。しかし、私たちのルーツであることに間違いはありません。よくよく調べて行くと初めて知るようなことも多く、新鮮な感覚で歴史が楽しめると思います。

幕府の本拠地があった神奈川県鎌倉市や、頼朝が流人時代を過ごした静岡県伊東市、義時ら北条家の本拠だった同県伊豆の国市などには、鎌倉時代の史跡も数多く残されています。そういった場所を巡って、彼らが生きた時代に思いを馳せてみてはいかがですか。新たな発見があり、鎌倉時代への理解が一層深まると思います。

北条義時の生涯

長寛元（1163）年～元仁元（1224）年

青年期　長寛元（1163）年～建久10（1199）年

頼朝に仕えて実力を蓄える

鎌倉幕府初代執権を務めた北条時政の二男として誕生した。母は伊豆国の豪族・伊東入道の娘。安元2（1176）年には6歳年上の姉・政子が源頼朝と結婚。源氏直系の頼朝と義理の兄弟という間柄になった。

治承4（1180）年、以仁王が平氏追討の令旨を発したことを受けて源頼朝が挙兵。義時は父・時政、兄・宗時とともに頼朝の下で挙兵に協力した。石橋山の戦いに挑んだ頼朝の軍勢は大庭景親軍に敗北を喫する。頼朝は土肥実平らと安房国へ、義時は時政と甲斐国へ、それぞれ逃げ延びたという説もある。宗時は敗走途中で捕らえられ命を落としている。

時政は頼朝の命に従い、甲斐源氏の武田信義らと行動を共にし、駿河国へと進軍した。安房国で上総広常、千葉常胤らの有力武将とともに再起した頼朝と合流。富士川の戦いでは武田軍の奮闘により、平氏軍に勝利した。頼朝は鎌倉に新造した大蔵（倉）御所に入所。宗時の死去で北条家の跡継ぎとなった義時も御家人として鎌倉に屋敷を構えた。

同5（1181）年、寝所警護役11人のうちの一人に選ばれる。その名の通り、夜ごとに頼朝の寝所近くに詰めて身辺の警護に当たる役だ。御家人の中で弓矢の技術に優れた者、または頼朝に忠実な者が選ばれたという。翌寿永元（1182）年、頼朝の浮気発覚を端緒に、時政が一族を率いて伊豆国に退去するという騒動が起こる。亀の前事件である。この際、鎌倉にとどまった義時のことを頼朝は称賛したという。

元暦《げんりゃく》2（1185）年、源範頼に

ついて平氏追討のための西海遠征に参加。葦屋浦《あしやうら》の戦いで武功を挙げ、頼朝から感状を受けた。文治5（1189）年の奥州合戦でも功を挙げている。

建久元（1190）年に右近衛大将拝賀のため上洛した頼朝に随行。「家臣の最となす」との声を掛けられるほどの、信頼を勝ち取っていた。

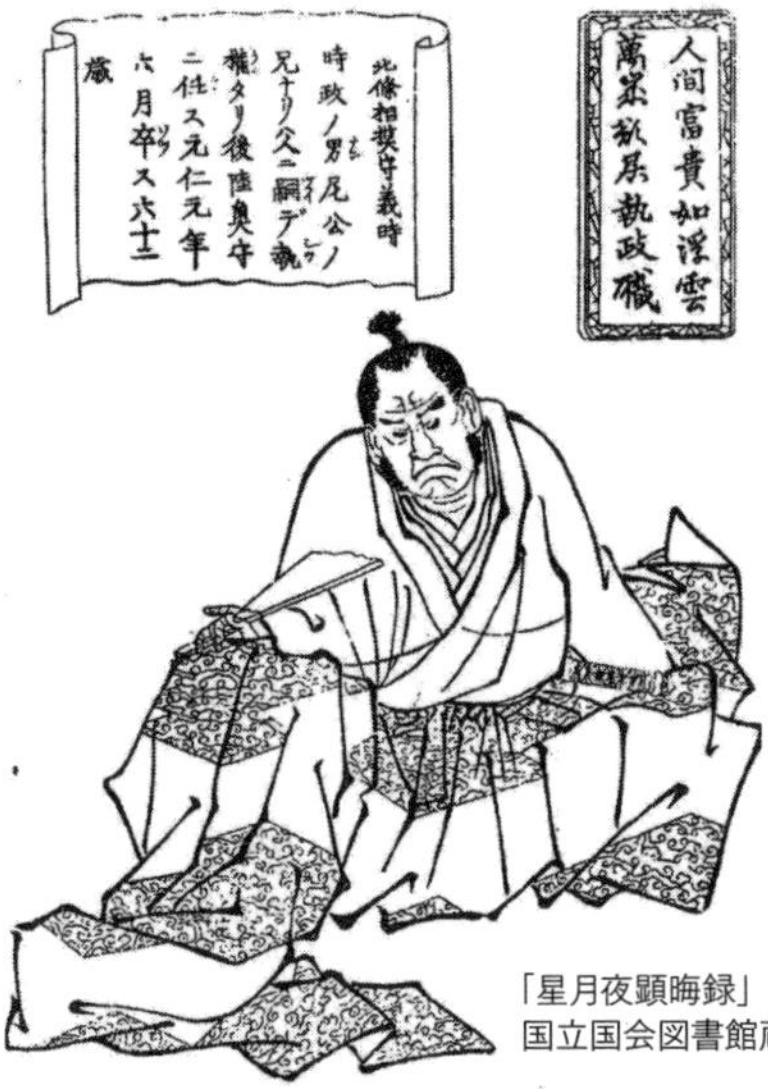

「星月夜顕晦録」
国立国会図書館蔵

EPISODE

頼朝が義時を誉め称える「亀の前事件」の後日譚

頼朝が愛妾・亀の前と浮気していることを知った妻の政子が、義母・牧の方の父・牧宗親に命じて、亀の前を匿まっていた伏見広綱の屋敷を破壊させた。これを知った頼朝は宗親の髻（もとどり）を切り捨てる。この仕打ちに怒った時政が一族を率いて伊豆国へ引き上げてしまう。これが亀の前事件の顛末である。許可なく下国することは、謀反とみなされてもおかしくない。当然、頼朝は激怒した。

一方、義時は伊豆国へ行かず鎌倉に残っている。その報告を受けた頼朝は、夜中にもかかわらず義時を呼び出し、その行動を褒め称えた上、後に賞を与えるとまで絶賛した。義時には、御家人として取り立ててくれた頼朝を裏切る考えはなかったのだ。義時は後に、初代執権として鎌倉幕府の実権を握った時政を失脚させているが、この頃から父への不満を募らせていたのかもしれない。

TOPICS 1

泰時の母と考えられるもうひとりの阿波局

寿永2（1183）年、義時の長男・泰時が生まれる。母に当たるのは、側室の阿波局だと言われている。本書では後に北条時政の娘として阿波局（P35を参照）を紹介するが、彼女とは別人。この二人は混同されやすいので注意が必要だ。時政の娘で政子の妹である阿波局は、『吾妻鏡』では、全成の妾として紹介されている。

TOPICS 2

義時は弓の達人？ その真偽のほどは…

建久4（1193）年、頼朝は下野国や信濃国の狩場を見学。弓馬の術に長けた御家人22人に弓を持たせて同行させた。義時はそのうちの一人に選ばれている。義時は弓の技術に優れ、頼朝に忠実な者のみが起用される寝所警護の役にも選任されている。これらの事実から義時は弓の腕前も相当なものだったと考えられるが、真偽のほどは定かではない。

歌舞伎「星月夜見聞実記」の義時より／東京都立中央図書館特別文庫室蔵

父・時政を失脚させ、鎌倉幕府の実権を握る

躍進期 建久10(1199)年~元久2(1205)年

建久10年、主君の頼朝が急死。頼朝の跡を継ぎ、二代将軍に源頼家が就任する。年齢が若く経験に乏しい頼家は訴訟などの取次役を13人の宿老に限定、宿老たちは頼家を支えていくことになった。義時は父・時政とともにその一員に選ばれている。

頼家が重病に陥り、その後継問題が浮上した建仁3(1203)年、比企能員の変が起こる。頼家の嫡男・一幡こそ後継と考える比企能員と、千幡(後の源実朝)を将軍にしたい時政が対立したのだ。『吾妻鏡』によれば、頼家と能員は時政追討を計画するが、二人の会話を盗み聞いた政子の知らせを受けた時政は、逆に能員追討を画策し、実行に移した。時政は義時らを動員し、能員はじめ比企一族をわずか一日で滅ぼした。将軍の座を追われた頼家は幽閉先の伊豆国修善寺で惨殺されている。

頼家とその有力御家人であった能員を追いやった時政は、実朝を三代将軍に擁立し、幕府の実権を握ることに成功。続いて時政が標的としたのは武蔵国の有力な武士・畠山重忠であった。時政は重忠に謀反の疑いがあるとして、義時に誅殺を指示。義時は「軽卒な行動は慎むべき」などと進言したが、結局は父の命令に従わざるを得なかった。

重忠誅殺を実行した際、謀反は偽りであったことを悟った義時は、時政を批難。やがて「義時・政子」対「時政とその妻・牧の方」という対立構図が出来上がった。

時政と牧の方は娘婿の平賀朝雅を四代将軍にすべく実朝の追い落としを画策する。その風聞を耳にした政子は実朝を守るように指示。命令を受けた三浦義村・胤義兄弟らが、時政の屋敷を襲い、実朝を奪還。実朝の身柄を義時の屋敷へと移した。追いつめられた時政は出家し、伊豆国へ下向した。この失脚劇が牧氏事件である。実の父を失脚させた義時は二代執権に就任。鎌倉幕府の実権を握った。

覚園寺は義時の薬師如来信仰により建てられた大倉薬師堂が前身(神奈川県鎌倉市)/PIXTA

EPISODE

重忠の軍勢の規模を見て謀反は偽りと確信

義時と時政の関係が決定的に悪くなったのは元久2(1205)年に起きた畠山重忠の乱。ライバルの比企氏を滅亡させ、勢いづく時政は「邪魔者は消す」との論理で重忠にあらぬ謀反の疑いをかけた。これまで父の命令に黙って従ってきた義時も、この時はさすがに簡単には従わなかった。文武両道に秀で、人望も厚く「鎌倉武士の鑑」とまで評された重忠が謀反を企てるはずがないと考えたからだ。

が、結局は時政の命令に背くことのできなかった義時は、鎌倉へ向かう重忠の軍勢を二俣川で迎え討った。重忠の軍勢は134騎。通常であればその倍以上の兵を集めることができる重忠が、わずかの軍勢しか引き連れていなかったことから、謀反の事実はないことを悟った義時は、感情をあらわにし、時政へ詰め寄ったという。

TOPICS 1

年齢の若い義時が宿老に選ばれた理由

頼家を支える13人の宿老のうちでただ一人年齢が若かったのが義時だ。頼朝が「家子専一(一番の家臣)」と絶対の信頼を寄せていたことが若くして選任された大きな理由と思われる。また、頼家の母であり後見となった政子の強い推薦があったとも考えられる。源家の家長とも言える存在だった政子に異を唱える御家人たちはいなかったはずだ。

TOPICS 2

「何もしない」わけではない時に不当な評価を受ける義時

主君である頼朝に忠実に仕え、父・時政のように派手に振る舞ったわけでもない義時は「何もしない男」などと評されることも少なくない。実の父である時政を失脚させ、二代執権の座に就き、その後の執権政治を確立させた見事な手腕を見る限り、「何もしない」という評価は当たらない。周囲のやっかみから生まれた逸話とも。

朝廷を倒し、新たな武家社会の頂点に立つ

成熟期

元久2（1205）年～元仁元（1224）年

執権の座についた義時は、将軍を頂点に、有力御家人たちと協議を重ねながら、組織的な政治体制の構築を志した。その一方で北条家による執権体制の確立に障壁となる勢力には、容赦なく抑圧策を進めた。その一つが承元3（1209）年に打ち出した守護職の終身制を改めるという方針。定期的に守護職を交代する案を提案したが御家人たちの強い反対に遭っている。

建暦《けんりゃく》3（1213）年に起きた和田合戦も、義時が武力をもって御家人を制圧した事件である。信濃源氏の泉親衡《ちかひら》が頼家の遺児・千寿を将軍に立て、北条氏を排除しようと企てたことを受け、義時は有力御家人・和田義盛を挑発し、謀反を起こすように仕向けている。鎌倉の市街地で戦いが展開されたが、兵力で勝る義時軍が実朝の身柄を確保したことで勝利。和田一族は滅亡した。義時は、義盛に代わって実朝から侍所別当に任命され、政所と合わせて二つの要職に就くことで、義時の権力はさらに大きなものになった。

承久元（1219）年、三代将軍・実朝の右大臣拝賀式典の際、頼家の子・公暁《こうぎょう》に実朝が斬殺されるという事件が発生。源氏直系の将軍はわずか三代で途絶えた。政子は政所執事の二階堂行光を上洛させ、四代将軍の人選について後鳥羽上皇と交渉。頼朝の遠縁にあたる三寅（九条頼経）を迎えることを決めた。政子が尼将軍として将軍職を代行し、義時がこれを補佐するという政治体制が確立している。

同3（1221）年、勢力を増す政子と義時に警戒感を強めた後鳥羽上皇は、義時追討の院宣と官宣旨を発した。朝廷や天皇の権威が絶大な時代、義時らは難しい決断を迫られたが、息子の泰時を総大将として京都へ大軍を派遣した。結果、わずか1カ月で京都を制圧するなど、幕府軍の圧勝に終わった。この勝利で朝廷の権威は失墜。武士が世を支配する新たな時代が始まることになった。その頂点に君臨したのが執権・義時である。

EPISODE

承久の乱で勝利し、北条家による執権政治が確立

承久の乱で勝利を収めると、義時は後鳥羽上皇をはじめ上皇軍に関与した者たちを粛清した。後鳥羽上皇は隠岐島へ配流となり、上皇側についた武士の大半は斬首された。貴族たちも処刑や流罪などにされた。上皇が保有していた莫大な荘園、3000カ所に及ぶ貴族や武士の所領はすべて没収された。幕府側についた武士たちは、恩賞として没収した所領の地頭に任命されている。さらに朝廷の監視にあたる六波羅探題を新たに京都に設置。その支配体制を全国的なものとした。

幕府軍勝利の知らせを受けた義時は、「(前世からの)果報は王よりも優っていることが証明された。前世の行いが今ひとつ足りなかったため、武士のような下臈(げろう)の身分に生まれたに過ぎない」などと言って喜んだという。以降、北条家による執権政治が成熟期を迎える。

TOPICS 1

体調が悪かったため暗殺から逃れる

実朝が公暁によって暗殺された時、実朝の脇で太刀持ちをしていた源仲章も襲われ命を落としている。『吾妻鏡』によれば、本来、太刀持ちは義時の役割だが、この日はたまたま体調が悪く仲章が代役を務めた。公暁は実朝とともに義時の命も狙っていたと考えられている。義時が襲われることを知っていたのか、知らなかったのかは、定かではない。

TOPICS 2

承久の乱の３年後に急死毒殺説も

義時は承久の乱から3年後の元仁元(1224)年に帰らぬ人となった。毒殺説がまことしやかに流れるほど急な死だったという。幕府内に緊張が走ったが、政子が泰時を後継者に指名することで動揺を抑えた。以降、執権政治が本格的に展開することになる。義時の遺体は頼朝の墓より東へ100メートルほどの場所に葬られたと言われている。

義時が創建したと伝わる北條寺の境内にある北条義時夫妻の墓所(静岡県伊豆の国市)/伊豆の国市提供

源頼朝の生涯

久安3（1147）年〜建久10（1199）年

争乱期

平治元（1159）年〜文治5（1189）年

治承4年の挙兵から10年、鎌倉殿の支配権は全国に及ぶ

河内源氏の流れをくむ。父は源義朝、母は熱田神宮の大宮司・藤原季範の娘。

平治元年、平治の乱が勃発。13歳だった頼朝にとって初参戦となった。この戦いで勝利した平清盛をはじめとする平氏はこの後隆盛を極めることになる。一方、敗れた義朝は東国へ逃亡中に、部下に裏切られて殺害された。義朝とともに戦った頼朝は死罪を免れることはできたものの、伊豆国へと流されている。

約20年に及ぶ伊豆国での幽閉生活は読経三昧だったという。一方で、三善康信から定期的に京都の情勢を聞いたり、武芸の鍛錬を兼ねて巻狩に出掛けたりするなど、表舞台へ戻る準備は怠っていなかったようだ。また、伊東祐親の後を継ぎ監視役となった北条時政の娘・政子と恋仲となり、結婚。長女・大姫をもうけている。

治承4（1180）年、後白河天皇の第三皇子・以仁王が平氏追討を命じる令旨を発すると、頼朝は伊豆国や相模国のわずかな武士を率いて挙兵した。手始めに伊豆国目代・山木兼隆を討ち取ったが、続く石橋山の戦いで大敗。絶体絶命の危機に瀕しながらもなんとか安房国へと逃れ

「大日本名将鑑」「右大将源頼朝」
東京都立中央図書館特別文庫室蔵

EPISODE

本領安堵と新恩給付で武士たちの支持を得る

頼朝が求めたのは「唯一の武家の棟梁」という地位だ。そのためには、新たな武家社会を築くことが必要だった。その第一歩として行った施策が、「本領安堵」と「新恩給付」だ。本領安堵は、頼朝に従った武士については、その本拠地の支配権を認めるという考え。新恩給付は、敵方の所領を没収した際には、武功のあった武士にそれを与える制度だ。

当時は平氏の全盛期。独善的な政治が横行し、武士たちの不満はたまっていた。土地を媒介にして、強固な主従関係を結ぶという頼朝の統治策は武士にとって受け入れやすい考えだった。再起からわずか数カ月のうちに、源氏ゆかりの地である鎌倉に武士のための新たな街を築くことができたのは、頼朝ならではの人心掌握術があったからにほかならない。

頼朝の法華堂跡には石塔が残る(神奈川県鎌倉市)/鎌倉市教育委員会提供

TOPICS 1

頼朝生誕地に立つ名古屋の誓願寺

頼朝は、当時、京都で暮らしていた熱田神宮大宮司・藤原季範の別邸で産声をあげている。義朝へ嫁いでいた季範の娘・由良御前が、出産のため実家に戻ってきて頼朝を生んでいる。亨禄2(1529)年、善光上人が別邸のあった場所に、誓願寺を建立している。現在の誓願寺の門前には、頼朝生誕地であることを知らせる石碑が立っている。

TOPICS 2

人生最大の危機 山の中で逃げ惑う頼朝

頼朝が人生最大のピンチを迎えたのが、治承4年に起きた石橋山の戦いであった。わずかの軍勢で臨んだものの、敵の大軍には勝てず惨敗を喫した。逃げる頼朝は山中にある「しとどの窟」に身を寄せていたが、敵方の梶原景時に見つかってしまう。しかし、景時は頼朝を捕まえずに見逃し、仲間に別の山を探すように促した。

ている。

再起を期した頼朝は上総国、下総国、武蔵国に勢力を持つ武士たちと合流。源氏ゆかりの地である鎌倉に入った。その後、富士川の戦いで平氏に勝利すると、ひとまずは鎌倉に武家社会を築くことに専念。本領安堵、新恩給付という考えのもと、鎌倉殿(=頼朝)と御家人たちとの強い結びつきが生まれていった。

関東を平定した頼朝は、その力をさらに全国に波及させるため、数々の戦いに挑む。寿永3(1184)年に宇治川の戦いで木曽義仲を討つと、文治元(1185)年には5年間に及ぶ源平合戦に終止符を打ち、平家を滅亡させた。同5(1189)年には独自の文化国家を築いた奥州藤原氏を打ち破っている。鎌倉幕府の支配権はついに全国へと及ぶことになった。

安定期　建久元（1190）年～建久10（1199）年

征夷大将軍になり、幕政はさらなる安定期へ

建久元年、頼朝は上洛して40日ほど京都に滞在した。その間に後白河法皇や後鳥羽天皇と、それぞれ会談を行っている。

京都滞在中に頼朝は、院近臣にとって最上位の官職・権大納言と、武官の最高職のひとつ・右近衛大将に任命されている。在任期間は京都滞在中のわずかな期間だけ。鎌倉へ戻る日が近づくとそれぞれ辞任している。京都の滞在時間が増え、鎌倉に戻れなくなることを案じてのことだと考えられている。

同3（1192）年、頼朝は死去したばかりの後白河法皇に代わって後鳥羽天皇から征夷大将軍に任命される。かねてより東国で「鎮守府将軍」を超える権威を発揮できる「大将軍」という官職に就くことを求めていた頼朝は大いに喜んだという。朝廷は大将軍の上に冠する言葉について協議。「征東」「征夷」「惣官」「上」の4つの中から消去法で「征夷」を選んだ。

翌同4（1193）年、頼朝は富士山の裾野に数多くの御家人たちを招き富士の巻狩を開催した。1カ月ほどの期間をかけて行われ、多数の武士が参加したという。これだけ大きな規模で行ったのは、征夷大将軍の威信を天下に示すためだと思われる。また、軍事演習という側面もあったようだ。

同6（1195）年、東大寺大仏殿落慶供養の儀に出席するため、妻・政子や長男・頼家、長女・大姫らを伴って上洛。妻子を連れて行った理由は、大姫の入内を画策していたからだ。

しかし、2年後の同8（1197）年に大姫が死去。一度計画は立ち消えたが、頼朝はその後、二女の入内を目指していた。御家人の統制に朝廷の力を利用しようとしたのだ。

同10（1199）年、出家した2日後に51年の生涯に幕を閉じている。落馬が死因と伝えられる。頼朝の後継として頼家が二代将軍に就任。

頼朝像としては最古の彫像といわれる/「源頼朝坐像(木像)」甲斐善光寺蔵(山梨県甲府市)

EPISODE

武家社会を一代で確立した傑物は、落馬が原因で帰らぬ人に

頼朝が娘たちの入内とともに、腐心していたのが、鎌倉殿の継承問題だ。富士の巻狩に長男・頼家を参加させたのも、御家人たちに「跡取りは頼家」と印象づける狙いもあったと考えられる。2度目の上洛で頼家を朝廷で披露しているのも、朝廷に鎌倉幕府の次期将軍は頼家であることをアピールしたかったのであろう。この頃の頼朝の年齢から考えても、人生の総仕上げとして、後継問題をいち早く解決したかったはずだ。

それだけに最期はあまりにもあっけなかった。建久9(1198)年の暮れに相模川で催された橋供養からの帰路、落馬をして体調を崩し、そのまま帰らぬ人となってしまったのだ。圧倒的な存在感で武士たちを束ね、武家のための社会を確立した傑物の死だった。

TOPICS 1

和歌の才能もある頼朝 新古今和歌集に自歌が掲載される

頼朝は和歌の才能にも長け、詠んだ歌が『新古今和歌集』にも選ばれている。**「陸奥の　いはでしのぶは　えぞしらぬ　ふみつくしてよ　壺の石ぶみ」** 言わずに我慢するのは理解できない。手紙で思いのたけを書き尽くしてほしいという内容の歌。岩手、信夫、蝦夷など東北地方の地名を巧みに用い、韻も上手に踏んでいる秀作だ。

TOPICS 2

関東大震災で 橋脚が浮かび上がる

頼朝が出席した最後の行事となったのが相模川の橋供養。頼朝も馬に乗って渡り初めを楽しんだという。その時の橋脚が大正12(1923)年の関東大震災の影響で浮かび上がり、その存在を知られるようになった。確認された橋脚の数は10本。その間隔から、橋の規模は、幅9メートル、長さ40メートルを超えるものだったと推測される。

北条氏

伊豆国の小さな武家から執権・北条氏へと大躍進

幕府の実権を握ろうと画策した時政、執権・北条氏の立場を確かなものにした義時、尼将軍として幕政を支えた政子など、繁栄を築いた北条家の人々を紹介する。

本書に関連する北条家系図

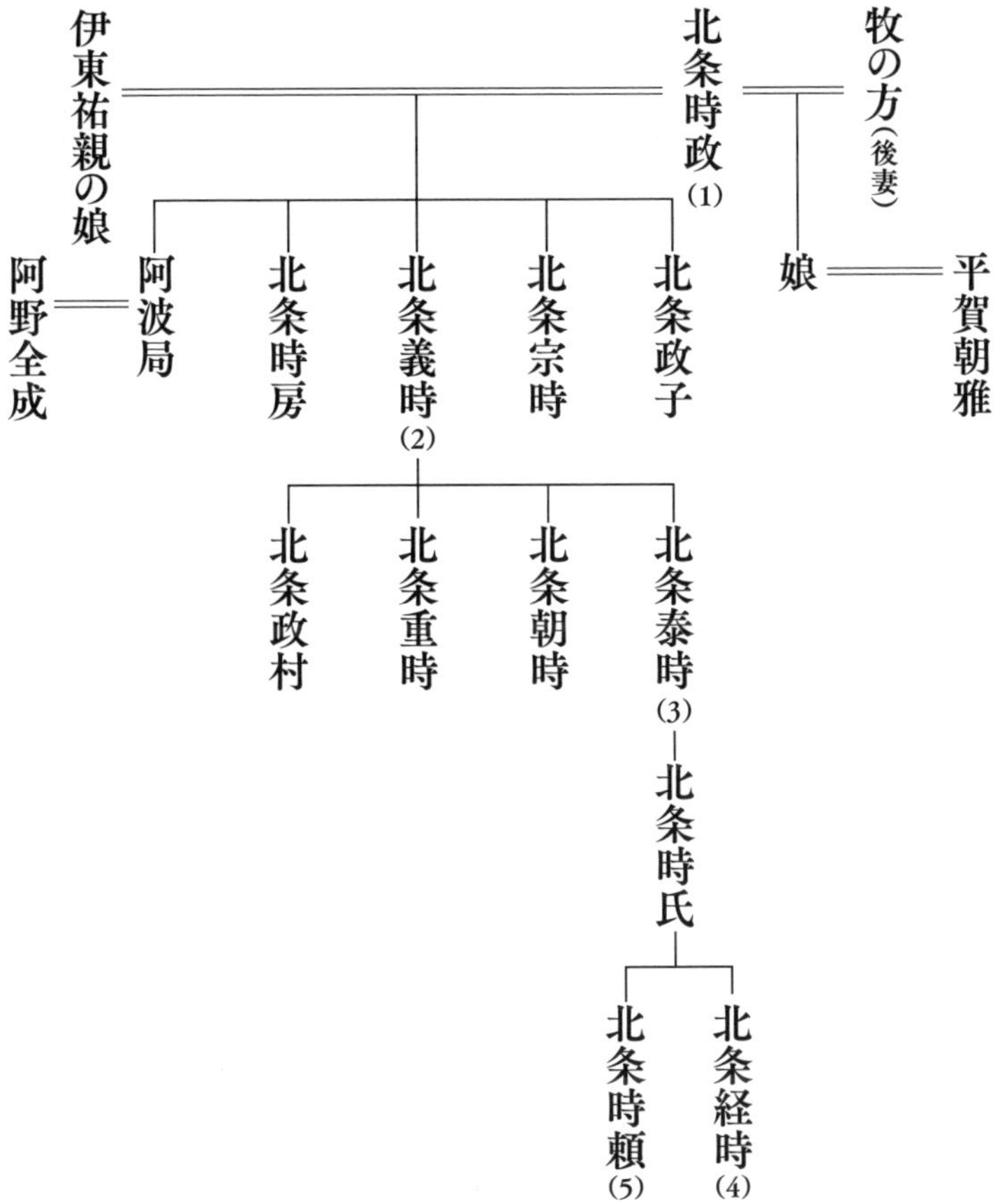

()内の数字は鎌倉幕府の執権に就任した順番
坂井孝一著「鎌倉殿と執権北条氏」を参考に作成
※本書に関連しない人物は省略している場合があります。

伊豆の中流武士団が幕府の実権を握るまでに

桓武平氏・平貞盛の流れをくむ平直方が始祖と言われている家系。時政の祖父の代で伊豆国へ下向し、同国田方郡北条を本拠にした。その地域全体を支配するような力はなく、中流程度の武士の集団であったと考えられる。

北条家が大きく飛躍するきっかけとなったのが、源頼朝との出会いだろう。平治の乱後に伊豆国へ配流された頼朝は、北条家の後ろ盾を得て、平氏追討のために挙兵。敵対する平家を破り、鎌倉幕府を成立させた。時政をはじめ北条家の人間は、その後も重用され有力な御家人の一員となっている。

その後、承久の乱で幕府軍が朝廷軍を破り、本格的な武家社会が形成されることに。北条家は二代執権・義時が執権政治の実務を担当するなど、幕府の実権を握る一大勢力にまで上り詰めた。

北条家

北条時政

無名の豪族から幕府の初代執権に上り詰めた策略家

ほうじょう・ときまさ

保延4(1138)年~建保3(1215)年

鎌倉幕府の初代執権。源頼朝を支え、鎌倉幕府の成立に大きく尽力した。北条政子、北条義時の実父である。

伊豆国田方郡北条を拠点とした豪族の出身。平治元(1159)年に起きた平治の乱の後、伊豆国へ配流された頼朝は、監視役となった伊東祐親の館から脱出。時政は頼朝を自邸に住まわせた。最初は反対していたものの娘の政子との結婚も承認。それ以降は、頼朝の側近として支え続けることになる。

治承4(1180)年、平氏追討のため頼朝が挙兵すると、時政も息子の宗時、義時らと頼朝軍に従った。伊豆国目代・山木兼隆の急襲に成功した頼朝軍だったが、続く石橋山の戦いでは平氏軍に大敗。時政は嫡男の宗時を失っている。甲斐国へと逃げ延びたと言われる時政は、武田信義ら甲斐源氏と合流。鉢田の戦いで駿河国目代・橘遠茂を破ると、脱出先の安房国から再び勢力を盛り返した頼朝軍とともに富士川の戦いに臨み、平氏軍を打ち負かした。

元暦2(1185)年、平家の滅亡を受け、時政は頼朝の代官として大軍を率いて上洛。京都の治安回復、平家残党の一掃に努めたほか、朝廷と交渉して守護・地頭の設置を認めさせるなど、剛腕を発揮した。

その後、表舞台で目立った活躍のなかった時政だが、建久10(1199)年に頼朝が急死すると、動きが一変する。義時とともに宿老13人のうちの一人となると、二代将軍・源頼家の政治を支える。頼家の後ろ盾となっていた比企一族を滅ぼし頼家を失脚させると、12歳の源実朝を三代将軍に擁立。自らは執権となり、幼い実朝に代わって幕府の実権を握った。

その後、時政は後妻・牧の方の入れ知恵で実朝を殺害し、牧の方の娘婿・平賀朝雅を新将軍に擁立しようと画策する。しかし、この企みは政子や義時によって阻止された。

TOPICS

奥州征討に向け 願成就院を建立

静岡県伊豆の国市にある願成就院は、文治5（1189）年に創建された真言宗の名刹。頼朝の奥州藤原氏征伐が成功することを祈願して、時政が建てた。大御堂と南塔は時政、南新御堂は義時、北条御堂と北塔は義時の長男・泰時がそれぞれ建立に携わるなど、北条家との縁は深い。運慶が造像した阿弥陀如来坐像を東国で初めて安置している。

主導権争い制し 執権へのし上がる

宿老13人が幕府の政治に関与するという仕組みの発案者は誰か定かではないが、この制度の恩恵を最も受けたのは、時政と言って間違いないだろう。梶原景時の失脚、比企能員の誅殺に関与するなど、有力御家人の追い落としに成功。ついには二代将軍・頼家を出家させ、鎌倉幕府の実権を握った。激しい権力闘争を制した時政は、相当な策略家だと言える。

「大日本六十余将」「伊豆」「北条相摸守時政」/
東京都立中央図書館特別文庫室蔵

EPISODE

卑劣な陰謀が義時にばれ 時政の政権は短命に

一地方の豪族から、鎌倉幕府初代執権へと上り詰めた時政は、実の子・義時によって、失脚させられた。

二人の間に亀裂が入ったのは元久2（1205）年の畠山重忠の乱。時政は、武蔵国の有力御家人・重忠の追討を義時に命じた。平賀朝雅の嘘を信じ、重忠に謀反の疑いをかけたからだ。義時は「忠誠心のある重忠が謀反を行うはずがない」と時政をいさめたが、結局、重忠追討に参加することになる。

一方、自分が狙われていることを知らない重忠は、少数の軍を率いて鎌倉へ向かう途中、武蔵国二俣川で義時の大軍と対峙。多勢に無勢で勝ち目はなく誅殺された。重忠追討は時政の陰謀だったことを知った義時は、時政と対立し、実父を追放した。時政が実権を握ったのは2年ほど。その栄華は短命に。

北条家

北条政子

ほうじょう・まさこ

頼朝の遺志を継ぎ、武士の政治を確立させた尼将軍

保元2(1157)年〜嘉禄元(1225)年

当時の女性としては珍しく、積極的に政治に関与。亡き夫・源頼朝の遺志を継ぎ、「武士の、武士による、武士のための政治体制」の確立に尽力した。

政子と頼朝が出会ったのは配流先の伊豆国。恋に落ちた二人は、結婚したいと願うようになる。政子の父・北条時政は猛反対したものの、二人の意志は固く、承諾せざるを得なかった。安元3(1177)年頃のことである。

二男二女の子宝に恵まれた政子だったが、建久10(1199)年に頼朝が急死。悲しみのあまり後追い自殺まで考えたが、夫の死を弔うために出家し、尼御台《あまみだい》と呼ばれるようになった。

頼朝の後を継いだ長男で二代将軍の源頼家は一時、危篤状態になるなど、病気のために思うような政治を遂行できなかった。政子は頼家に健康上の理由で将軍職を続けるのは無理と通告。伊豆国に幽閉した。

続いて二男・源実朝が三代将軍に就任。初代執権となり幕府の実権を握った父・時政は妻・牧の方と共謀し実朝の追い落としを画策。政子は弟の北条義時と協力し、時政を追放した。

建保7(1219)年、実朝が斬殺された。鎌倉幕府存続の危機を迎えた政子は、京都から迎えた四代将軍・九条頼経(幼名・三寅)の後見役として政権運営に携わっている。政子はこれ以降、尼将軍と呼ばれた。

承久3(1221)年、後鳥羽上皇は政権を朝廷に戻すべく、二代執権に就いていた義時追討のために挙兵。承久の乱が勃発した。

朝廷側か幕府側か、どちらにつくべきか、悩む御家人たちに政子は頼朝と実朝の「御恩」を説き、「奉公」を呼び掛ける名演説を披露。政子に呼応した19万人の幕府軍は、2万人の朝廷軍を圧倒した。政子は、北条家による鎌倉幕府の支配体制が盤石なものになるのを見届け、69歳でこの世を去った。

TOPICS

安産に霊験あらたか 産湯を汲んだ井戸

現在の静岡県伊豆の国市にある「北条政子産湯の井戸」は、その名の通り政子が生まれた時に産湯の水を汲んだと言われる井戸。政子の伝承にあやかって、多くの妊婦が安産祈願に訪れていたという。この井戸がある辺り一帯に北条家の屋敷があった。すぐ近くには、室町時代に初代堀越公方となった足利政知の居館堀越御所もある。

家の利益を最優先 トップが似合う女

周囲の反対を押し切り頼朝と結婚し、夫の浮気を知ると激高。息子・頼家に出家を促し、悪巧みをする父・時政を追放する…。政子のエピソードを振り返ると、身内にも厳しい姿勢を辞さない、「強い女」のイメージが浮かび上がる。源家の利益を最優先した、トップに君臨するにふさわしい存在だったと言える。

「星月夜顕晦録」国立国会図書館蔵

EPISODE

御家人の魂を揺さぶった 承久の乱前の名演説

承久3年に起こった承久の乱で、幕府軍を勝利に導いたのは、政子とも言える。後鳥羽上皇が鎌倉幕府執権・義時追討の院宣を出し、西国の武士が続々と朝廷軍支援を打ち出す中、東国の武士たちは幕府軍と朝廷軍のどちらに従うべきか、頭を悩ませていた。そこで政子は、三浦義村や大江広元らの御家人を集めて、演説を行った。要約すると次の通りとなる。

「頼朝が関東(鎌倉幕府)を草創して以降、御家人たちは官位も俸禄(給料)も手に入れた。その恩は山より高く、海より深い。三代にわたる将軍が残した遺産を守るように。後鳥羽の側につきたければ、今すぐ申し出なさい」

魂を揺さぶられ涙を流す御家人もいたという。誰ひとり異議を唱える者はいなかった。劣勢が予想された幕府軍の進撃が始まったのはここからだ。

北条家

志半ばで命を落とした北条時政の嫡男

北条宗時

ほうじょう・むねとき

生年不詳〜治承4（1180）年

北条時政の嫡男。時政から家督を継ぐべきはずの人物であった。

治承4（1180）年、以仁王による平氏追討の令旨を受け、源頼朝が挙兵を決意した時も、彼をそばで支えたのは時政、北条宗時、北条義時の親子だった。

手始めに平氏一族で伊豆目代の山木兼隆の館に奇襲をかけた。作戦は三島大社の祭礼で警備が手薄になる日に決行。宗時は時政、義時らとともに先導役を務め、兼隆の屋敷に矢を放ち、その後、援軍が屋敷に討ち入り、兼隆の首を取った。

続く石橋山の戦いでは、およそ300騎の頼朝軍に対し、平氏軍の総勢は3000騎。多勢に無勢で平氏軍の圧勝だった。頼朝や時政らと別方向に逃げた宗時は石橋山を下り、伊豆国の平井郷を経て、早河の近辺で伊東祐親軍に取り囲まれ、命を落とした。

将来、鎌倉幕府の執権となるべき存在だったただけに、あまりにも早すぎる無念の死となった。

伊東祐親の兵に討たれた地に立つ墓。時政が祀ったとされる（静岡県田方郡函南町）

EPISODE

宗時の死を悼み時政が建てた宗時神社

静岡県函南町にある宗時神社の祭神は宗時だ。石橋山の戦いで敗走する途中に、無念にも命を落とした宗時の死を悼み、時政が建てたと言われている。神社には、大小二つの五輪の塔が。大きい塔が宗時の、小さい塔が同じく石橋山の戦いで命を落とした工藤茂光の墓だと伝えられる。

北条家

泰時を支えた、かけがえのないパートナー

北条時房

ほうじょう・ときふさ

安元元（1175）年〜延応2（1240）年

初代執権・北条時政の三男。三代執権・北条泰時の叔父として、執権政治の全盛期を支えた。

建久10（1199）年、急死した源頼朝に代わって二代将軍となった源頼家の側近となる。狩猟や蹴鞠のお供をしたという。頼家の提案を受け、時連から時房へと改名をしたのもこの時期。建仁3（1203）年に頼家は将軍職を解かれたが、時房が処罰されることはなかった。その後、三代将軍・源実朝の下で鎌倉寺社奉行となり、幕政へ参画するようになっていく。

建保7（1219）年に実朝が公暁によって斬殺されると、政子とともに京都へ行き、後鳥羽上皇に対し、将軍の跡継ぎとして皇子を鎌倉に下向させるよう要請したが断られている。承久3（1221）年の承久の乱では甥の泰時とともに東海道の大将軍として出陣。朝廷軍を打ち破り上洛すると、泰時と共に六波羅探題に就任した。

その後、三代執権になった泰時から連署に任命される。時房は泰時と協力体制を築き、幕政を運営した。

屋敷跡と伝わる北条時房・顕時邸跡（神奈川県鎌倉市）（写真奥）の発掘調査中の様子/鎌倉市教育委員会提供

EPISODE

時房への改名は平知康がきっかけ

時房が改名したのは、頼家主催の蹴鞠の会で平知康が「容姿もよく、振る舞いも雅びやかなのに、時連という名前が下品」と話したのがきっかけだという。この話を聞いた頼家が「時房」にするように勧めたという。政子は知康の言動を「理解に苦しむ愚かなこと」と激怒したが、改名は実行された。

北条家

北条泰時

独裁政治から合議政治へ転換した鎌倉幕府の三代執権

ほうじょう・やすとき

寿永2(1183)年~仁治3(1242)年

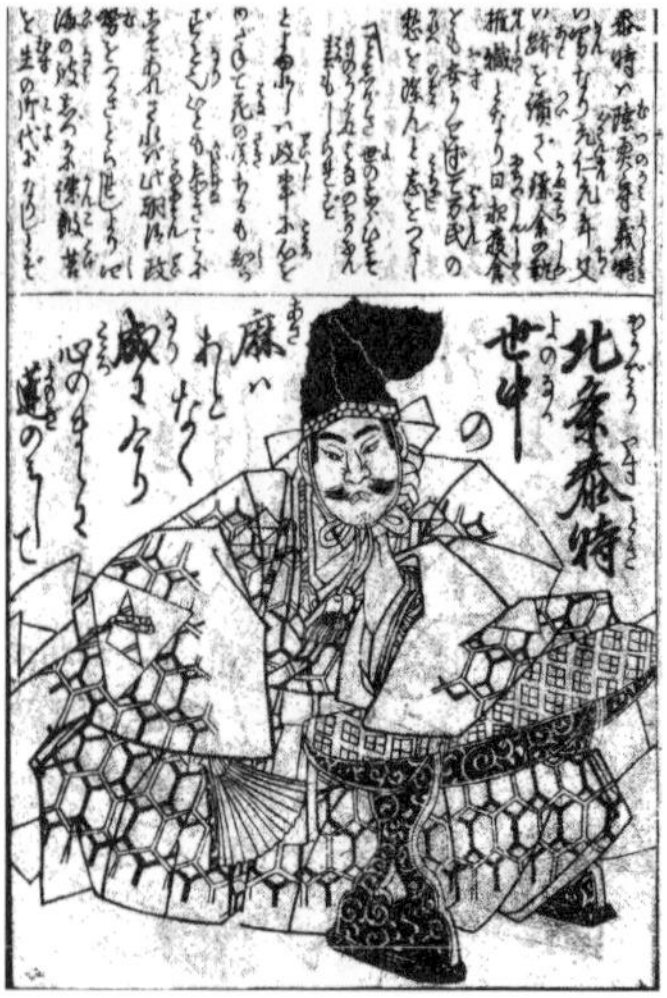

「武家百人一首」国文学研究資料館蔵

二代執権・北条義時の長男。建暦3(1213)年に起きた和田合戦では父・義時とともに首謀者である和田義盛の討伐に貢献。その戦功で、陸奥国遠田郡の地頭に任じられている。承久3(1221)年の承久の乱では、幕府軍の総大将として大軍を率いて、後鳥羽上皇軍を打ち破り京都へ入った。泰時はそのまま京都にとどまり、朝廷を監視し、西国武士を統括する初代の六波羅探題に、承久の乱で同じく東海道の大将軍を務めた、叔父の北条時房とともに就任している。

貞応3(1224)年、父・義時が急死すると三代執権に就任。翌嘉禄元(1225)年に当時の実質的な最高権力者であった北条政子が亡くなると、さまざまな政治改革を実行した。

執権の補佐役であり、公文書に執権とともに署名をする連署に叔父・時房を任命。また、重要な政治判断を合議で決める評定衆を設置。11人の御家人を選んでいる。貞永《じょうえい》元(1232)年には、日本で初めての武家政権のための法令「御成敗式目」を制定した。

EPISODE

万人の父母となり政治改革を断行

鎌倉幕府の成立以降、法令は整備されておらず、各地で土地争いなどの紛争が起きていた。そこで泰時が制定したのが御成敗式目。「万人の父母のような人」とも評された泰時は、将軍の独裁を止め、公平な政治を志し、さまざまな改革を断行。彼によって執権政治は全盛期を迎えることになった。

北条家

北条朝時

ほうじょう・ともとき

1年の謹慎期間を経て、数々の戦で活躍

建久5(1194)年～寛元3(1245)年

「義烈百人一首」国文学研究資料館蔵

北条義時の二男。祖父・北条時政の名越邸を相続したことから名越朝時とも名乗った。

建暦《けんりゃく》2(1212)年、女性問題を起こし、三代将軍・源実朝の怒りを買うことに。父・北条義時も激怒し、朝時は駿河国富士郡に蟄居《ちっきょ》させられた。その翌年の同3(1213)年、和田合戦が起こる前に鎌倉に呼び戻されると、兄・北条泰時らとともに戦いに挑んだ。合戦では武勇に長けた朝比奈義秀と対峙。傷を負いながらも幕府側の勝利に貢献。その後、御家人に復帰した。

承久3(1221)年の承久の乱では、北陸道の大将軍として幕府軍を率いた。越後や越中での戦いに勝利し、京都へと攻め上がっている。

承久の乱の後は、加賀国、能登国、越中国、越後国など、北陸諸国の守護を務めた。嘉禎2(1236)年には、三代執権となった泰時が創設した評定衆に加わったが、すぐに辞退している。仁治3(1242)年、泰時が病気を理由に出家すると、朝時もその翌日に出家。生西と名乗り政治の表舞台から退いた。

EPISODE

女性の部屋への夜這いが蟄居させられた理由

朝時が義時に勘当されたのは20歳の頃。実朝に仕えていた女官にひと目惚れし、恋文を送ったものの、一向に相手にされなかったため、ある日の深夜にその女性の部屋に忍び込んだところを見つかってしまったという。駿河国での蟄居生活が、わずか1年で終わったのは不幸中の幸いだった。

北条家

義時がひと目惚れをした絶世の美人女官

姫の前《ひめのまえ》

生年不詳～承元元（1207）年

実家である比企氏が住んだ地に創建された妙本寺（神奈川県鎌倉市）/PIXTA

鎌倉幕府二代執権・北条義時の正室。有力御家人の一人・比企朝宗の娘で、初代将軍・源頼朝が暮らす大蔵御所に勤めていた。ほかに並ぶ人はいないほど、見た目の美しい女官で、頼朝も大層気に入っていたという。

そんな姫の前にひと目惚れをしたのが義時だ。義時は彼女へのあふれる思いを綴った恋文を一年間ほど送り続けたが、姫の前がなびくことは一向になかった。そんな二人の様子を見るに見かねた頼朝は、義時に「絶対に離縁しない」という宣誓書を書かせて姫の前との間を取り持っている。

建久3（1192）年、前述した経緯をたどり、義時と姫の前は結婚した。

離縁はしないと誓い合って結婚した二人だったが、その約束が果たされることはなかった。建仁3（1203）年に比企能員の変が勃発。姫の前の実家である比企一族が、義時らの手によって滅ぼされている。姫の前は事件後すぐに義時と離縁し、京都で暮らしたという。

EPISODE

義時と離縁した後は京都の公家と結婚

建仁3年に比企一族は滅亡しているが、姫の前が命を落とすことはなかった。姫の前は、義時と離縁すると上洛。公家で歌人の源具親と再婚したと言われている。姫の前は二人の子どもを授かったようだが、上洛から3年ほど経った承元元年にこの世を去っている。

北条家

牧の方《まきのかた》

したたかに権力奪取を目指した時政の若き後妻

生没年不詳

「星月夜顕晦録」国立国会図書館蔵

北条時政の後妻。生年は定かではないが、時政よりかなり年齢の若い再婚相手ということになる。

寿永元（１１８２）年、源頼朝と、頼朝が流人暮らしの頃から仕えていた亀の前とが不倫関係にあることを知った牧の方は、北条政子に告げ口をした。話を聞いた政子は激怒。牧宗親に、亀の前が身を寄せていた屋敷の破壊を指示している。この事件はやがて頼朝と時政の対立にまで発展。

元久２（１２０５）年、娘婿・平賀朝雅が畠山重忠の嫡男・畠山重保と激しい口論をした話を聞き、重保を敵視するようになる。牧の方の怒りを知った時政は、重忠・重保親子の殺害を決意。息子・義時らに実行を命じた。

同年、時政とともに三代将軍・源実朝の代わりに朝雅を将軍に据えようと画策する。この企みを知った政子と義時は、三浦義村らを時政の屋敷に派遣。実朝を奪い返し、義時の屋敷へと移した。時政に仕えていた武士も実朝擁護にまわったという。時政と牧の方は伊豆国へと追放された。いわゆる牧氏事件である。

EPISODE

実朝の追放を画策!?
牧の方は本当に悪女か

性格は勝ち気で傲慢。さまざまな事件に関与している牧の方は、したたかな女性であったと言って間違いない。牧の方を溺愛する時政は、彼女に頭が上がらず、彼女の言うことは何でも聞いていたという。時政の死後は、京都の貴族へ嫁いだ娘夫婦の元へ行き、贅沢に暮らしたそうだ。

北条家

牧宗親

時政の元で活躍した、謎多き人物

まき・むねちか

生没年不詳

平頼盛の母・宗子（池禅尼）の弟・藤原宗親と同一人物との説もある。はっきりしているのは、北条時政の後妻となる牧の方と血縁関係があったということだ。『愚管抄』では牧の方の父と紹介されているが、『吾妻鏡』では兄弟という記述がある。

長年にわたり仕えた頼盛より駿河国大岡牧を与えられ、国務を執り行っていた。『愚管抄』では「武者にもあらず」との記述があり、武士ではなく朝廷の文官であったとされている。一方、『吾妻鏡』によれば六位の武者所と、ここでも記述が異なっている。

娘、あるいは妹であった牧の方が時政の後妻となり、時政と姻戚関係になったことを受けて、宗親は時政と源頼朝に仕えるようになった。源平の戦いで捕らえられた平宗盛を鎌倉まで連行するなどの任務をこなしていた。

そんな宗親を語るのに最も有名なエピソードが、「亀の前事件」である。宗親は、頼朝に髻《もとどり》を切られるという武士としてこれ以上ない屈辱を受けた。この出来事に腹を立てたのが時政。直属の部下・宗親を処罰した頼朝への抗議として、一族を率いて伊豆国へと引き上げてしまった。

一説には、旗立山（神奈川県三浦郡葉山町）が頼朝に髻を切られた地と伝わるが定かではない/認定NPO法人葉山まちづくり協会提供

EPISODE

鎌倉武士の象徴である髻切られるのは最大の屈辱

髻とは肩まで伸びた髪を一つにまとめ、紐で結わいて縛り立たせた部分のこと。その上に烏帽子をかぶるのがこの時代の社会的標章と言われていた。人前で髻を見せることは大変恥ずかしい行為とみなされていた。宗親のように髻を切られるということは、万死に値するほどの屈辱であった。

北条家

北条家の発展を陰で支えた時政の娘

阿波局

あわのつぼね

生年不詳〜嘉禄3（1227）年

北条時政の娘。源頼朝の弟・阿野全成に嫁いだ。頼朝と北条政子の二男で後に三代将軍となる源実朝の乳母を務めた。

頼朝も信頼した御家人の一人である結城朝光がある日、「忠臣は二君に仕えず」と語ったという。亡き頼朝を思うあまりに口をついた言葉だったが、この発言が「朝光は源頼家には仕える気がない」との誤解を生んだ。

この話を聞いた梶原景時は頼家に対し「朝光の発言は謀反の表れ」と進言。頼家は景時に朝光を討つよう命じた。

頼家と景時の会話を盗み聞きした阿波局は、朝光本人にその内容を告げ、注意を呼び掛けた。朝光は三浦義村と対応を協議。景時の弾劾状を起草することに。最終的に66人もの御家人の賛同が集まった。景時は鎌倉追放の処分を受け、京都へ向かう途中に一族もろとも滅ぼされた。

この事件を裏で操っていたのは鎌倉幕府の実権を握りたかった時政。父の企みを、阿波局も把握していたはずだ。時政の念願を叶えるため、手を貸したと思われる。

夫の阿野全成が建てた館跡が始まりとされる大泉寺（静岡県沼津市）

EPISODE

時政らの悪意を察知 その機転が実朝を救う

三代将軍に実朝が就任した際、彼の乳母・阿波局は時政とその妻・牧の方に悪意があるため、実朝を時政の屋敷に預けることを危惧していた。その話を聞いた政子は実朝の身柄を奪い返している。阿波局の機転で実朝追い落としの企みが未遂に終わり、時政と牧の方は、幕府から追放された。

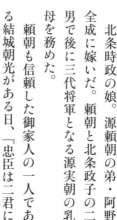

源氏

武士の地位を引き上げた日本を代表する武家の棟梁

一時は没落しながらも、平氏追討に立ち上がり、ついには鎌倉幕府を成立させた源氏一門。武家社会の発展に寄与した個性的な面々が揃っている。

本書に関連する源氏系図

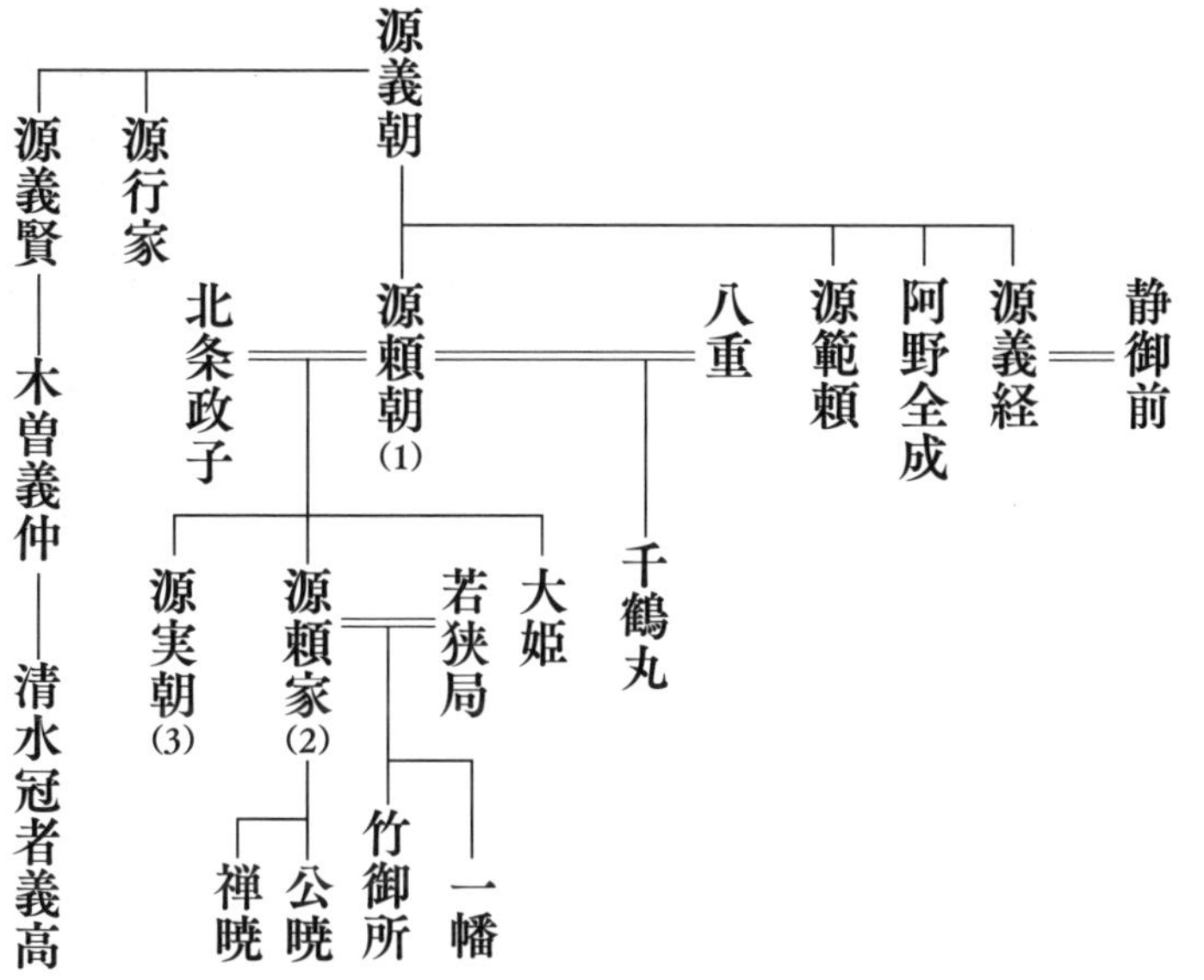

()内の数字は鎌倉幕府の将軍に就任した順番
※本書に関連しない人物は省略している場合があります。

清和天皇の流れをくむ武家の棟梁である名門

源は皇族が臣下の籍に下りる際に賜る姓で、21の系統があると言われている。源頼朝は、このうち第五十六代清和天皇の流れをくむ清和源氏の系統となる。その清和源氏の中でも、頼朝より6代前の源頼信が河内国を本拠とする武士団を構えたことから河内源氏と呼ばれている。

河内源氏は武芸に長けた一族で、頼信が平忠常の乱、頼信の息子・頼義とその息子・義家は前九年の役、また義家は後三年の役をそれぞれ平定させている。そうした実績から「武家の棟梁」と呼ばれる地位を確立した。

その後、平治の乱での敗戦などにより一時は没落したものの、配流生活から一転して挙兵をした頼朝が平氏を破って鎌倉幕府を開くなど、武家の棟梁と呼ばれるにふさわしい活躍を見せている。

源氏

大人たちの思惑に振り回され、若くして没した悲劇の将軍

源頼家

みなもとの・よりいえ

寿永元(1182)年~元久元(1204)年

源頼朝と北条政子の子。源家の待望の跡継ぎとして期待が大きく、政子の懐妊を知った時、頼朝は歓喜したという。安産祈願をするため、鶴岡八幡宮に続く参道を真っすぐに直す工事を行ったほどだった。

建久6(1195)年に上洛し、朝廷でお披露目されるなど、頼朝の後継者として順調に足場を固めていた頼家。その運命が同10(1199)年に大きく変わることになる。頼朝が急死したのだ。頼朝の死から13日後、頼家は家督を継承する。わずか18歳でのことだった。

頼家は頼朝の政治スタイルを忠実に継承しようと考えていた。が、若く経験の少ない彼を不安視する声は多く、家督継承から3カ月後には有力な13人の宿老たちが未熟な頼家を支える体制が敷かれることになった。

建仁2(1202)年に征夷大将軍に任官し、政治権力を握った頼家だったが、やがて御家人たちによる権力闘争が勃発。頼家もその渦に巻き込まれていく。宿老の一人、梶原景時が追放された末に命を落とすと、北条氏と比企氏の確執があらわになる。その引き金になったのが、頼家の病気だ。

頼家の弟・源実朝の後見人となった北条時政は実朝の将軍就任を画策。『吾妻鏡』によれば、それを知った頼家の妻・若狭局の父である比企能員は、頼家に時政追討を進言した。この頼家と能員の会話を政子が耳にし、ただちに時政に報告。時政は能員を誅殺し、比企一族を滅ぼした。建仁3(1203)年の「比企能員の変」である。

この事件に頼家は激怒。時政追討を御家人の和田義盛と仁田忠常に命じるが、義盛の裏切りで失敗に終わる。頼家は政子に出家を命じられ、心ならずも従った。その翌年、幽閉先の伊豆国修善寺で刺客に刺され、短い生涯を閉じた。

TOPICS

12歳で狩猟に挑戦 鹿を仕留める

頼家が12歳の時、父・頼朝は富士山の裾野で大規模な狩猟を開催した。「富士の巻狩」だ。初めての狩りにもかかわらず、頼家は見事に鹿を射抜いてみせた。そもそも東国の武家社会に頼朝の力を誇示するために開催された催しだったが、自分こそ家督を継ぐにふさわしい人物であることを、頼家自身が証明する格好となった。

入浴中を襲われる 非業な最期

頼家の殺害方法は非常に残忍なものだった。『愚管抄』に、生々しく描かれている。修善寺に送られた刺客は入浴中の頼家を襲う。武芸に長けた頼家は激しく抵抗。刺客は難儀したが、首に紐を巻き付け、急所を押さえてようやく刺し殺したという。悲劇の将軍らしい壮絶な最期となった。

源頼家画像/東京大学史料編纂所所蔵模写

EPISODE

〝無能の二代目〟は嘘!? 見直されるべき功績

「蹴鞠に没頭して政治に無関心」。『吾妻鏡』に、頼家はこう描かれた。ほかにも、「13人の宿老に反発して若い近習を5人指名して特別扱いしている」や、「安達景盛の妾を奪っておきながら景盛を討とうとしている」など非道の数々が紹介されている。一部の人たちから頼家が愚かな君主を意味する「暗君」と呼ばれる所以だ。

『吾妻鏡』は北条氏の視点で描かれているので、その内容を鵜呑みにすることは危険。例えば蹴鞠は、京都の朝廷に軽く見られないために身に付けた技能だと言える。頼朝の政治路線を踏襲し土地政策や経済政策を打ち出すなど、統治者としての片鱗も見せていたと言われる。実力を蓄えた上で家督を継ぐことができれば、若くして命を落とすことはなかったかもしれない。

源氏

源実朝

みなもとの・さねとも

右大臣に上り詰めた源氏直系最後の将軍

建久3（1192）年〜建保7（1219）年

鎌倉幕府三代征夷大将軍。跡継ぎがおらず、源氏直系最後の将軍となった。

源頼朝と北条政子の二男。兄は二代将軍・源頼家。頼朝が初代征夷大将軍に任命された直後に生まれている。幼名を千幡。誕生の儀式で頼朝は集まった御家人たちを前に「将来の守護を頼む」などと語り、大きな期待をかけていた。

建仁3（1203）年、比企能員の変が起こる。頼家が最も頼りにした御家人・比企能員をはじめ比企氏が滅亡。頼家は政子によって出家させられた上に鎌倉から追放、伊豆国に幽閉された。比企氏滅亡を主導した北条時政は、千幡の家督継承の許可を求め、朝廷も認めた。千幡は元服し、実朝と名乗った。年齢は12歳。元久元（1204）年には、京都の公卿・坊門信清の娘を正室に迎えている。

就任当初はまだ幼かった実朝は、北条時政、政子親子の後ろ盾を必要としていたが、それはやがて時政と政子の主導権争いに発展する。実朝を追い落とし平賀朝雅を四代将軍に擁立しようとした時政だったが、牧氏事件が勃発。実朝は時政の屋敷から北条義時の元へと移されている。この後、義時は二代執権の座についた。

当初は義時、政子に実権を握られていた実朝だが、政所に権力を集中するなど新たな政策を展開していった。京都の文化も積極的に取り入れようと努めている。また、実朝は官位の昇進を強く望むようになっていった。『吾妻鏡』によれば、源氏の正統が実朝で途絶えてしまうという怖れから、せめて家名を上げたいと考えていたという。実朝は次々と昇進し、建保6（1218）年には武士として初めて右大臣にまで上り詰めた。

同7年、鶴岡八幡宮で行われた右大臣拝賀の式に出席したところを、頼家の息子・公暁に襲われ命を落としている。

「集古十種」国立国会図書館蔵

TOPICS

周囲に耳を貸さず渡宋を試みる

『吾妻鏡』によれば、建保4(1216)年、宋の僧侶・陳和卿に面会。宋にある医王山の長老が実朝の前世という言葉を信じ、宋へ渡ることを思い付く。周囲のいさめる声には耳を貸さず、陳和卿に唐船の造営を命じた。完成した船を由比ケ浜から出航させようとしたが、船は海に浮かぶことなく、砂浜で朽ち果ててしまった。

実朝の首を供養した石造の五輪塔

神奈川県秦野市にある源実朝公御首塚には、石造の五輪塔が立っている。公暁が持ち帰っていた実朝の首を、三浦義村らが取り戻し、この地で葬ったと伝えられている。元々あったと言われる木製の五輪塔は鎌倉国宝館に寄託されている。秦野市では毎年11月23日に実朝まつりを開催。実朝の供養や稚児行列などが行われる。

EPISODE

和歌の名人で『金槐和歌集』を編さん

京都の文化や教養を身に付けた実朝は和歌の名人でもあった。本格的に和歌の勉強を始めたのは、元久2(1205)年の頃。十首の和歌を詠んでいる。また、父・頼朝の歌が入集した『新古今和歌集』を京より取り寄せた。承元3(1209)年には自ら詠んだ三十首の和歌を『小倉百人一首』の選者として知られる歌人・藤原定家に送り指導を求めている。

実朝が詠む和歌は、感じたことを素直に表現したものが多い。定家から贈られた『万葉集』を参考にした可能性もある。建暦3(1213)年には『金槐和歌集』を編さん。「金」は鎌倉の鎌の字の金へんを表し、「槐」には大臣という意味があることから、「鎌倉の右大臣の歌集」とも呼ばれている。

源氏

数々の武勇伝を残した悲劇のヒーロー

源義経

みなもとの・よしつね

平治元（1159）年〜文治5（1189）年

源義朝の九男。幼名は牛若丸。源氏没落後、京都の鞍馬寺に預けられたが、僧侶になることをこばみ、承安4（1174）年に寺から逃げ出すことを決意。元服をして源義経と名乗り、奥州藤原氏三代当主・藤原秀衡を頼って、奥州平泉へと赴いた。

治承4（1180）年、以仁王の令旨によって挙兵をした兄・源頼朝のもとに駆けつけると、涙の対面を果たしたという。その後、兄・源範頼とともに京都へ入り、頼朝の命令で木曽義仲を討ち取ることに成功している。

続いて平家追討を指示された義経は範頼とともに一ノ谷の戦いに臨む。平家の本陣に崖を下って急襲をかける義経の作戦がまんまと当たり、平家軍を退けた。いわゆる「鵯越《ひよどりごえ》の逆落とし」である。この活躍で義経の名は一躍知られることになった。

一ノ谷の戦いの後、治安維持のため京都にとどまっていた義経だったが、平家追討のため西国に出陣していた範頼の戦況が思わしくないとの知らせを受けると、新たな軍を編成して出陣。暴風雨の中、瀬戸内海にある平家の拠点・屋島に奇襲をかけた。山や民家を焼き払い大軍が来たと見せかける作戦で平家軍を敗走させた。その後、水軍を編成した義経は平家との最後の決戦の地・壇ノ浦へと進む。海に浮かぶ船から船へと飛び移る「八艘飛《はっそうと》び」なる離れ業を見せるなど、平家を滅亡に追いやる活躍を見せたという。

その後、義経は、彼の存在を疎ましく思うようになった頼朝と対立。叔父である源行家と結託して頼朝追討を企てるものの失敗に終わり、平泉へと逃げ延びた。頼朝の圧力を受けていた奥州藤原氏四代当主・藤原泰衡は、義経殺害を企図。兵に囲まれた義経は妻と娘を殺した後、自らも命を絶ったという。時代の寵児は、悲劇の結末を迎えた。

「探幽／義経群高松図」東京国立博物館蔵/
ColBase(https://colbase.nich.go.jp/)をもとに作成

TOPICS

判官贔屓の語源は悲劇のエピソード

弱い立場の者を応援するという意味を持つ「判官贔屓(はんがんびいき)」という言葉。この言葉は、源頼朝から執拗に責められたあげく、頼りにしていた藤原泰衡に死に追いやられた義経の悲劇が由来となっている。判官とは、義経が後白河法皇から与えられた役職名。判官贔屓の第一義は、義経に対する同情や哀惜のことだ。

全国各地に残される義経ゆかりの伝説

悲劇のヒーロー・源義経は最も伝説の多い武将の一人。『義経記』などの軍記物語から、舞曲や歌舞伎の芸能にいたるまで、多くの題材を提供している。また、全国各地にも、さまざまな義経伝説が残されている。岩手、福島、京都、兵庫、香川、山口などの各府県で、今なお義経伝説が語り継がれている。

EPISODE

頼朝の怒りを買い転落の人生をたどる

平家滅亡後、はからずも頼朝と対立することになってしまった義経。それにはいくつかの原因があると考えられている。そのひとつが後白河法皇との関係だ。法皇は平家追討の手柄を立てた義経に検非違使・左衛門少尉の官職を与えたのだ。自分の頭越しに朝廷の役に就いた義経を頼朝は許すことができなかったという。

さらに追い打ちをかけたのが頼朝の家臣・梶原景時との関係。景時の意見を聞かず、独断専行で物事を進める義経に景時が激怒。これを伝え聞いた頼朝も当然怒ったという。事態を重く見た義経は許しを乞うため頼朝の元を訪ねたが門前払いを食らい、弁明の機会すら与えられなかった。この後の悲劇は本文で述べた通り。後述する範頼(P46)の件といい、頼朝の非情さが際立つエピソードだ。

源氏

静御前

しずかごぜん

愛する義経との仲を引き裂かれた白拍子

生没年不詳

「賢女八景 吉野暮雪 静御前」(部分)東京都立中央図書館特別文庫室蔵

源義経の愛妾。京都で活躍する白拍子(歌舞の踊り手)で、美貌の持ち主としても、その名を知られていた。

ある時、義経が兄・源頼朝の刺客に襲われている場面に遭遇。静御前の機転で義経は難を逃れている。この出来事をきっかけに二人は恋に落ちる。

静御前は、都落ちし西国へと逃れることにした義経に同行。途中、雪の降る大和国吉野山で義経と別れた後に、頼朝の追っ手に捕らえられ鎌倉へと下向した。鎌倉では、義経の居場所について厳しい尋問を受けたが、一切口を割らなかったという。

そんな静御前に対し、頼朝とその妻・北条政子は鶴岡八幡宮で舞を舞うように命じている。静御前は義経への思いを込めた歌と舞を披露。静御前の侮辱的な態度に頼朝は怒りをあらわにするが、「私でも静御前のように振る舞う」という政子の取りなしによって命を救われている。

静御前はその後、義経の子を生むが、男子であったため頼朝によって由比ケ浜に沈められたという。

EPISODE

静御前が歌に込めた義経への思い

「吉野山 峰の白雪 ふみわけて 入りにし人の 跡ぞ恋しき」

「しづやしづ しづのをだまき くり返し 昔を今に なすよしもがな」

静御前が披露した歌は、「吉野山で別れた義経が恋しい」「麻糸を巻いた苧環(おだまき)のように昔を今にする方法はないか」といった意味になる。

源氏

源義朝

平治の乱で清盛に敗れ、源氏の没落を招く

みなもとの・よしとも

保安4（1123）年～平治2（1160）年

「武者かゞ美一名人相合南伝二」国立国会図書館蔵

河内源氏の六代目棟梁。父・源為義は白河法皇、鳥羽上皇に仕えていたが度重なる不祥事で失職。義朝は幼少期から相模国鎌倉へ送られ、上総氏に庇護された。やがて関東の有力豪族を従えるようになり「上総御曹司」と呼ばれるまでに力をつけている。やがてその名声は都にも届いた。

保元元（1156）年の保元の乱では後白河天皇方につき、東国武士らとともに参戦。父・為義や弟の源頼賢らは対立した崇徳上皇側についていた。結果は後白河天皇の勝利に終わる。この戦の後、義朝は父・為義と弟・頼賢を処刑した。その恩賞として左馬頭を任官している。その一方で、義朝は「父殺し、弟殺し」などと世間から誹謗中傷を受けた。

平治元（1159）年、義朝は藤原信頼と挙兵し、平治の乱を起こした。保元の乱後に権勢を増す平清盛を排除するためだった。しかし、清盛の大軍に敵わず敗走、部下の裏切りに遭い殺害される。義朝の死により源氏の地位は失墜した。

EPISODE

東国への逃亡途中 風呂場で無念の死を迎える

平治の乱での敗走中、義朝は家臣・鎌田政清の舅・長田忠致の屋敷で世話になることに。しかし、義朝討伐の恩賞に目がくらんだ忠致は、風呂に入っている義朝を急襲。まさかの裏切りに、義朝は抵抗する間もなく命を落とした。その30年後、忠致は義朝の息子・源頼朝によって殺されている。

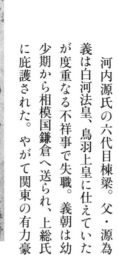

源氏

源範頼

兄・頼朝に忠誠を誓った不遇の武将

みなもとの・のりより

生年不詳〜建久4(1193)年

「前賢故実」国立国会図書館蔵

源義朝の六男。遠江国蒲御厨《かばのみくりや》で生まれ育ったため「蒲冠者《かばのかじゃ》」「蒲殿《かばどの》」などと呼ばれた。

平治元(1159)年に起きた平治の乱により源氏が没落した後は、東国の受領《ずりょう》(行政の筆頭責任者)を歴任していた公卿・藤原範季《のりすえ》に養子として引き取られた。

治承4(1180)年に以仁王《もちひとおう》が平氏追討の令旨を発出。範頼は参戦せず、地元の遠江国に残り、来るべき平家との戦いに備えていたという。寿永2(1183)年、常陸国の志田義広が頼朝に反旗を翻して起こした野木宮合戦で、範頼は援軍として頼朝に力を貸している。

この戦いで頼朝の信頼を勝ち取った範頼は、同3(1184)年に頼朝の代理として木曽義仲追討の大将軍となった。源義経の軍勢と合流して宇治川の戦いに挑み、義仲を討ち取っている。その後、壇ノ浦の戦いで平家を滅亡させた。源平合戦で、参謀役として兵を巧みに動かした範頼のことを頼朝は高く評価していた。

EPISODE

何げないひと言が頼朝の逆鱗に触れる

建久4(1193)年の富士の巻狩で、「頼朝が討たれた」との誤報が流れた時、範頼は政子を安心させるため「鎌倉には私がいるから案ずることはない」と言葉をかけた。政子は、範頼が謀反を起こすつもりだと頼朝に伝達。頼朝は激怒し、範頼を伊豆国へ配流した。

源氏

兄・頼朝に忠実に仕えた〃悪禅師〃

阿野全成

あの・ぜんじょう

仁平3（1153）年～建仁3（1203）年

「武家百人一首」国文学研究資料館蔵

源義朝の七男で母は常盤御前。源頼朝は腹違いの兄となり、源義経は血のつながった弟ということになる。平治の乱で父・義朝が死ぬと、京都の醍醐寺に出家させられた。この頃から全成を名乗っている。周囲からは、「醍醐の悪禅師」と呼ばれていた。

治承4（1180）年に頼朝が挙兵すると、全成も加勢。修行僧を装い、東国へ急いだ。そして下総国で頼朝と対面。兄弟の中で誰よりも早くかけつけた全成に対し、頼朝は涙を流して再会を喜んだという。

頼朝の信頼を勝ち得た全成は、頼朝の正室・北条政子の妹・阿波局を妻に迎えたほか、頼朝から駿河国阿野庄を与えられ、阿野全成と名乗った。

建久10（1199）年に頼朝が急死。二代将軍に源頼家が就任すると、全成は頼家の教育係を担当した。正治2（1200）年、頼家の一番の側近、梶原景時が失脚。大事な後ろ盾を失った頼家は、その原因を作った阿波局とその夫・全成に怒りをぶつける。謀反の疑いで逮捕された全成は、配流先の常陸国で幕府が差し向けた八田知家に殺された。

EPISODE

全成の生首が飛来？大泉寺の首掛松伝説

阿野全成と息子・阿野時元の墓がある静岡県沼津市の大泉寺には、「常陸国に流された後、殺された全成の生首が一夜のうちに大泉寺まで飛んできて、門前にある松の木の枝に引っ掛かった」とする首掛松の伝説が残されている。その松の木はもうないが、切り株の複製と石碑が建てられている。

源氏

大姫
おおひめ

頼朝の野望に運命を弄ばれた悲劇のヒロイン

治承2（1178）年～建久8（1197）年

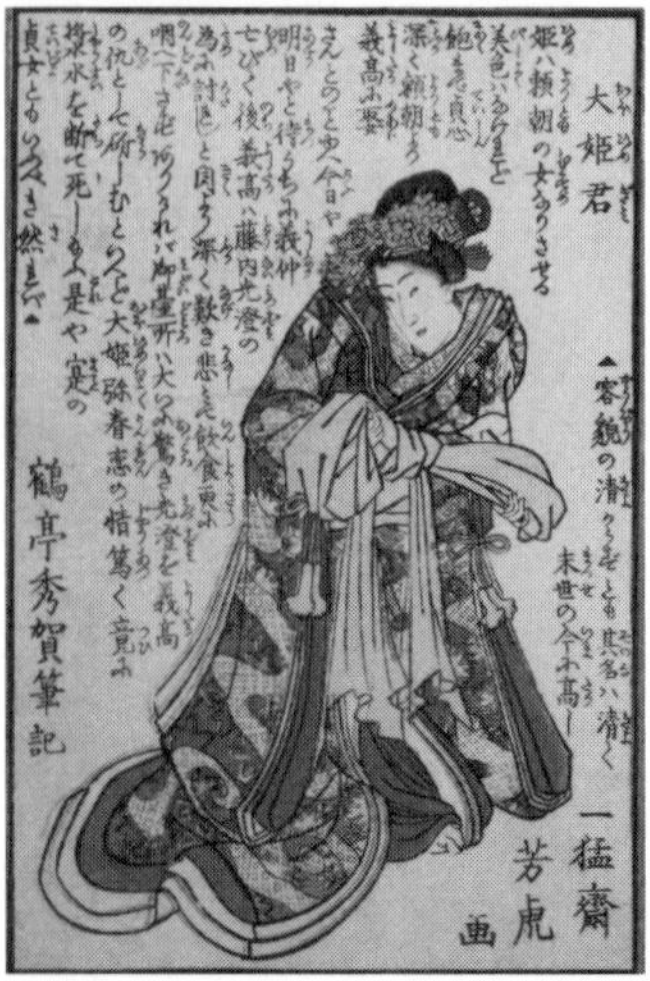

「武者鑑一名人相合南伝二」国立国会図書館蔵

源頼朝と北条政子の間に生まれた初めての子。本名は分かっていない。

寿永2（1183）年、大姫はわずか6歳で結婚をすることに。相手は木曽義仲の息子・清水冠者義高。彼もまだ11歳だった。当時、頼朝と対立関係にあった義仲は、この婚姻で頼朝と和議を結ぼうとしたのだ。

同3（1184）年に頼朝は京へ兵を送り、義仲を討伐。頼朝は、謀反を起こす可能性があると、義高の殺害をも計画する。

いち早くその企てを耳にした大姫は、義高に女装をさせ、侍女とともに馬に乗せ、鎌倉から脱出させた。義高逃亡を知った頼朝は激怒して、兵を派遣。義高を見つけ出し、誅殺した。

大姫のショックは大きく、その後10年以上も床に伏す日々が続いた。

建久6（1195）年に頼朝、政子らとともに上洛。東大寺の落慶供養が表向きの理由だが、大姫を後鳥羽天皇の妃にするための入内工作だったと言われている。大姫はこれを拒絶。2年後の建久8年に、病気のため早世した。

EPISODE

愛を貫く大姫に母・政子が驚きの行動

義高を討ち取った藤内光澄は、自分の手柄を吹聴。大姫も知るところとなった。大姫は水も食事も喉を通らず、日に日に衰弱。政子は怒りを頼朝にぶつけた。叱責された頼朝は光澄を斬首。光澄は手柄を自慢したばかりに命を失ったが、それで大姫の心の傷が癒えるはずもなく、その後も病に伏せる日々だった。

源氏

公暁《こうぎょう》

将軍になりたくてもなれなかった頼家の嫡男

正治2（1200）年～建保7（1219）年

父は二代将軍・源頼家。『吾妻鏡』によれば、母は賀茂重長の娘・辻殿。辻殿は源頼朝が頼家の正室に選んだ女性と考えられ、公暁は頼家の家督を継ぐ嫡男として生まれた可能性が高い。

実朝暗殺後、公暁が隠れたという伝承が残る鶴岡八幡宮（神奈川県鎌倉市）の大銀杏（倒伏前）

頼家が惨殺された翌年の元久2（1205）年、北条政子は公暁を鶴岡八幡宮へ入室させた。同宮別当・尊暁の門弟となっている。建永元（1206）年には政子の取り計らいで三代将軍・源実朝と親子関係を結んだ。

建暦元（1211）年に出家。上洛し源氏と関わりの深い園城寺で高僧・公胤に弟子入りした。建保5（1217）年、鶴岡八幡宮の三代別当・定暁が死去すると、政子は四代別当にするため、公暁を鎌倉に呼び寄せた。

この頃、実朝や北条義時が父・頼家の敵《かたき》であることを知り、報復の機会をうかがっていたという。建保7年、右大臣拝賀の式典が鶴岡八幡宮で実施された際、「親の敵はかく討つぞ」と叫びながら実朝に襲いかかり、斬り殺した。同時に義時を討とうとしたが、間違って源仲章を斬っている。

EPISODE

乳母夫・義村に裏切られわずか20年の生涯に幕

公暁が実朝を討った最大の動機は、将軍の座に就くためだ。犯行後、公暁は乳母夫の三浦義村に、将軍に就くための方策を考えるよう指示を出している。その一方で義村は義時から公暁を誅殺するように命じられていた。義村は義時の指示に従い、郎党の長尾定景を差し向け公暁を殺害している。

源氏

木曽義仲

頼朝らの策略にはまった悲運の武将

きそ・よしなか

久寿元（1154）年〜寿永3（1184）年

源頼朝の父・源義朝の弟である源義賢の二男として武蔵国で生まれる。幼い頃は駒王丸と呼ばれていた。

駒王丸が2歳の頃、義賢は義朝と対立。大蔵合戦で義朝の長男である源義平によって命を奪われた。義平は配下の畠山重能に駒王丸殺害の命令を下したが、まだ幼い駒王丸を殺すことをためらった重能は、斎藤実盛に預け信濃国へ逃がすことにした。あやうく難を逃れた駒王丸は、信濃国木曽の豪族・中原兼遠の庇護の下で成長。13歳で元服し、木曽次郎義仲を名乗ったという。

信濃国で静かに暮らしていた木曽義仲が、一躍歴史の表舞台に出てきたのは、治承4（1180）年のこと。以仁王が平氏追討の令旨を発し、源行家が各国の源氏に挙兵を呼び掛けたことに応じ、木曽の地で旗揚げをした。翌年には、大軍を率いて攻め込んできた越後国の大豪族で平氏側の城長茂に横田河原の戦いで大勝。その後も倶利伽羅峠の戦い、篠原の戦いで平氏軍を破り、越後から北陸へと勢力を伸ばすことに成功した。

その後、頼朝と不仲となった行家を庇護し、彼とともに入洛。後白河法皇より平氏追討の功績によって「朝日の将軍」の称号を贈られたほか、京の守護である征夷大将軍に抜擢される。まさに、武将として最高の地位を得た瞬間だった。

木曽で育った義仲は京の貴族から田舎者と揶揄され、信頼を得ることができず、その職責を果たすことができなかった。京の治安が悪化する一方の中、天皇の後継問題にまで口を挟むようになった義仲は、後白河法皇から嫌われ、西国の平氏討伐を命じられることに。その間に法皇は頼朝と組み、6万の大軍を派兵。宇治川の戦いなどで惨敗を喫し、数人の部下と命からがら逃れていたが粟津の戦いで、31年の生涯を閉じた。

TOPICS

義仲館がリニューアル 義仲の功績を偲ぶ

木曽義仲と、彼のパートナーだった巴御前の功績を後世に継承することを目的に、長野県木曽町に建てられた資料館。2021年7月に大幅リニューアルを行い、義仲と巴御前をモチーフとした絵画や彫刻、体験型芸術作品などのアート要素の強い展示品が加わった。二人に関する資料を集めたライブラリーもある。

義仲と行動した 義仲四天王

『平家物語』や『源平盛衰記』によると、木曽義仲の育ての親となった中原兼遠は、平家から再三にわたり、義仲を引き渡すように求められたが、頑として従わなかったという。義仲が挙兵した際は、息子の樋口兼光、今井兼平を義仲の家臣につけている。彼らに根井光親、楯親忠を加えた四人は「義仲四天王」と呼ばれている。

歌舞伎・浄瑠璃「還木曽菊族」の義仲より/東京都立中央図書館特別文庫室蔵

EPISODE

父の敵に命を奪われる 頼朝との数奇な運命

わずか2歳で父である源義賢を亡くした木曽義仲。父の敵となったのは、はからずも同じ源氏の血を引く叔父の源義朝と、従兄弟の源義平だった。その後、信濃国木曽へ逃れた義仲は以仁王の令旨によって挙兵。信濃国での戦に勝利した後、源氏側の救援に向かったのは父の旧領であった上野国だった。ところがその2カ月後には信濃国へ戻り、その後北陸を経由して上洛している。

東国へ侵攻しなかったのは頼朝の軍勢との衝突を避けるためだと言われている。義仲にとって父の敵とも言える頼朝は憎むべき相手だったが、私情を抑え平氏討伐という任を優先した形だ。その後、頼朝に先んじて京に入り征夷大将軍にまで登り詰めたが、頼朝らの策略によって討ち死にすることに。父と同様の運命をたどることになった。

源氏

清水冠者義高

わずか十数年で生涯を終えた悲劇の少年

しみずかじゃ・よしたか

生年不詳～元暦元（1184）年

木曽義仲の嫡男。赤ん坊の頃に入れてもらった産湯に、近隣7カ所の清水を使っていたことにちなみ、元服後に清水冠者を名乗った。

義高は、平氏追討の令旨が出た際、父・義仲と行動をともにした。義仲は源行家らを庇護したことなどから、源頼朝との関係が悪化。頼朝と和議を結ぶため、義仲は11歳の長男・義高を人質として鎌倉へ差し出すことに。義高は、6歳だった頼朝の娘・大姫と結婚することになった。

寿永3（1184）年の粟津の戦いで、義仲は討ち死にした。それにより、鎌倉での義高の立場は悪化。頼朝は、義高が将来謀反を起こす可能性を懸念し、義高追討の命令を出した。

それを知った義高は、鎌倉から逃げ出し鎌倉街道を北上した。その目的地は、生誕地の武蔵国比企郡大蔵、奥州藤原氏の平泉など諸説ある。鎌倉を抜け出して5日後、武蔵国入間川の八丁の渡し付近で、堀親家の郎党である藤内光澄に見つかり、討ち取られた。義高の死を知った大姫は病床に伏してしまう。

「武者鑑一名人相合南伝二」国立国会図書館蔵

EPISODE

地蔵に身を隠すと…義高に起こった奇跡

義高を祭っている清水八幡宮（埼玉県狭山市）から北西へ2キロほどの場所にある影隠地蔵は義高とゆかりの深い史跡だ。義高が頼朝の追っ手から逃げる際、一時的にこの地蔵の背後に身を隠したという言い伝えがある。そのため、影隠地蔵と呼ばれるようになったという。

源氏

巴御前《ともえごぜん》

義仲とともに戦い抜いた美人武者

生没年不詳

『平家物語』では、「義仲四天王」とともに平氏討伐に参加した女武者として描かれている。義仲と常に行動をともにした。

　容姿端麗なだけではなく、武芸にも優れ、「強弓精兵、一人当千の兵者《つわもの》なり」と言われるほど、戦で無類の強さを発揮した。『源平盛衰記』によると、治承5（1181）年の横田河原の戦いで7騎の敵を討ち取っている。寿永2（1183）年の倶利伽藍峠の戦いでは、義仲軍の大将の一人として勝利に貢献した。

　義仲が最期を迎えた粟津の戦いでは、味方が残りわずかとなった中、なお勇敢に敵陣へと挑んだ。義仲とともに死ぬ覚悟だった。が、義仲に「最後に女を連れていたなどと言われるのはよろしくない」と説得され、鎧と甲を脱ぎ捨て、故郷へと逃げ帰っている。

　その後、鎌倉へ召され鎌倉幕府の初代侍所別当・和田義盛の妻となる（『源平盛衰記』）。建暦3（1213）年の和田合戦で和田家が滅亡すると、倶利伽羅峠でともに戦った石黒氏を頼り越中国へ向かったと伝わる。

「巴御前出陣図」東京国立博物館蔵/ColBase（https://colbase.nich.go.jp/）をもとに作成

EPISODE

義仲への思いを抱き便利な女に徹する

　当時、戦場では男と同様に戦いつつ、本陣では武将の身の回りの世話をする“便女(びんじょ)”と呼ばれる女性がいたが、義仲は巴御前と山吹御前の二人の便女を従えていたという。正室は山吹御前で、巴御前は妾という説もある。巴御前は、義仲への思いを抑え、文字通り便利な女として振る舞った。

源氏

源行家

みなもとの・ゆきいえ

甥の頼朝の追討を企てた野心家

生年不詳〜文治2(1186)年

源為義の十男として生を受けた。源頼朝、義経、木曽義仲らの叔父に当たる。本名は義盛。新宮で生まれ育ったため新宮十郎とも称された。

治承4(1180)年、以仁王による平氏追討を要請する令旨を各地の源氏に伝達する使者に抜擢された。当時、伊豆にいた源頼朝に平氏追討を決意させたのも行家である。

三河国や尾張国で勢力圏を築きつつあった行家は、独自の軍を立て、平氏と対峙したものの養和元(1181)年の墨俣川の戦いなどで惨敗し、頼朝を頼って相模国に逃れた。行家は頼朝に対して関東の領地を所望したが、認められず頼朝と不仲に。そこで、後白河天皇に取り入るため、木曽義仲とともに上洛した。次第に義仲とも不仲になり、紀伊国に逃げ延びている。

その後、和泉国と河内国を支配。頼朝と不仲になった義経に加担し、後白河法皇から頼朝追討の院宣を受け取るが、未遂に終わり、潜伏中に捕らえられ斬首された。

「源平盛衰記図会」国文学研究資料館蔵

EPISODE

山伏に扮装した行家が令旨を持って全国行脚

以仁王が挙兵する際、平氏追討の令旨を持って、各国の源氏を巡ったのは行家だった。他人(特に平氏の人間)に悟られないようにするため、行家は山伏の格好をして全国を行脚した。が、早い段階でその動きは露見し、平氏側は以仁王や源氏の動きを事前に察知していたと思われる。

源氏

頼朝や後鳥羽上皇に仕えた御家人

大内惟義

おおうち・これよし

生没年不詳

頼朝とともに惟義らが立会い、義朝と政清が葬られたとされる勝長寿院跡に立つ五輪塔

河内源氏一門の重鎮であった平賀義信の長男。大内惟信の父でもある。寿永3（1184）年の一ノ谷の戦いでは源義経に従い戦った。その後、伊賀国守護に任命されている。同国大内荘の地頭を務めていたため、大内姓を名乗るようになった。

文治元（1185）年には源頼朝から相模守に任じられた。2度にわたる頼朝の上洛に随行するなど、頼朝からの信頼は厚かった。

頼朝の死後は、幕府から伊勢・伊賀・越前・美濃・丹波・摂津の6カ国の守護に任命されている。その一方で、京都へ赴き、後鳥羽上皇に近侍。朝廷と幕府との連絡役を務めた。

建保7（1219）年、三代将軍・源実朝が右大臣拝賀のため鶴岡八幡宮で参詣中に公暁に斬殺される事件が発生。惟義も列席していた。朝廷にも幕府にも顔のある惟義が出席するのは当然のこと。実は、彼の名が歴史書に出てくるのはこれが最後となる。そのため、惟義はこの頃に亡くなったと考えられている。

EPISODE

京都と鎌倉を精力的に行き来する

惟義は、京都に重心を置きながらも鎌倉にも頻繁に顔を出すなど、精力的に仕事をこなしていた。正治2（1200）年、梶原景時の変における梶原派の残党狩りを京都で実行。その後すぐに、二代将軍・源頼家の鶴岡八幡宮参詣に御後筆頭として随行したのがその一例だ。

源氏

平賀朝雅

京都や伊勢の守護を務めた頼朝の猶子

ひらが・ともまさ

生年不詳～元久２（１２０５）年

源頼朝に重用された河内源氏の武将・平賀義信の二男で、大内惟義の弟。母は頼朝の乳母である比企尼の三女。頼朝の猶子となる。

妙本寺（神奈川県鎌倉市）に残る比企邸跡の石碑

建仁３（１２０３）年の比企能員の変では北条時政の側につき、比企氏の屋敷襲撃に参加した。その功が認められ、京都守護に任じられている。同年、伊勢国と伊賀国で、平氏の残党による反乱（三日平氏の乱）で平氏残党の鎮圧に失敗して逃げ出した山内首藤経俊に代わり、反乱勢力の鎮圧に成功。伊勢・伊賀国の守護にも命じられた。

元久元（１２０４）年、京都の屋敷での宴会中に、朝雅は畠山重忠の嫡男・畠山重保と口論となった。『吾妻鏡』によれば、朝雅はそのことを妻の母・牧の方に訴えると、牧の方は夫の北条時政に「畠山親子に謀反の疑いがある」と虚偽の報告をした。時政は、息子の北条義時に重忠・重保親子の追討を指示。義時は不本意ながらこれに従った。後に重忠には謀反を起こす気はなかったことが分かっている。この事件をきっかけに時政と義時の対立が決定的なものになった。

EPISODE

失敗に終わった四代将軍への就任

源実朝に代わって新たな将軍を擁立しようと画策していた北条時政と牧の方。その後継と目した人物こそ、朝雅だ。しかし、この計画は義時の手により失敗に終わり、時政は失脚した。朝雅は義時の命を受けた在京御家人によって、元久2年に殺害されている。

源氏

武田信義《たけだ・のぶよし》

強力な軍を率いた武田氏の始祖

大治3(1128)年〜文治2(1186)年

「前賢故実」国立国会図書館蔵

甲斐源氏の祖と言われる源清光の二男。13歳の時に元服して以来、「武田」姓を名乗るようになった。

治承4(1180)年、以仁王の平氏追討の令旨を受けて挙兵。手始めに信濃国へ進軍し、現地にいた平氏の残党を制圧した。鉢田の戦いでは平氏方の駿河国目代・橘遠茂らを破り、駿河国を占拠した。さらに、富士川の戦いでは夜襲を仕掛け、平氏軍を撤退させている。この活躍によって信義は、頼朝より駿河国の守護に命じられた。

やがて頼朝と木曽義仲が対立すると、信義は頼朝との連携を深めていく。さまざまな戦に兵を出し、義仲追討や平氏滅亡にひと役買っている。

こうして信義の持つ強大な軍事力を利用していた頼朝だったが、次第にその勢威に脅威を抱くようになる。

養和元(1181)年には謀反の嫌疑をかけられ、信義の立場は著しく低下。3年後の元暦元(1184)年、嫡男・一条忠頼が謀反を企てたとして頼朝に誅殺される。信義も失脚し、失意のままその生涯を閉じた。

EPISODE

信義の仕掛けた夜襲が平氏軍を大混乱に陥れる

富士川の戦いで信義は平氏軍の背後から夜襲を仕掛けることに。川の浅瀬に馬を乗り入れると、水鳥の大群が一斉に飛び立った。その羽の音は軍勢が攻めて来たと思わせるような轟音だったという。寝込みを襲われた形となった平氏軍は大混乱に陥ってしまい、撤退を余儀なくされた。

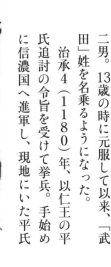

源氏

頼朝に愛され、北条政子に嫉妬された女

亀の前

かめのまえ

生没年不詳

亀の前を住まわせた屋敷があったとされる神奈川県逗子市小坪/PIXTA

『吾妻鏡』によれば、亀の前は源頼朝の妾の一人。容姿端麗で気だてもよく、頼朝の寵愛を受けていた。二人は配流先の伊豆国で出会っている。平氏追討のために挙兵した頼朝は鎌倉に本拠を構えると、密かに亀の前も呼び寄せ逢瀬を重ねるようになっていた。それが、大きな騒動へと発展、「亀の前事件」だ。

政子の懐妊が判明した頃、頼朝は、亀の前を右筆（秘書役）の伏見広綱の屋敷に住まわせ、そこで逢瀬を重ねていた。が、頼朝と亀の前の関係は牧の方の知るところとなり、政子にこの事実を知らせる。

話を聞いた政子は激怒。二人に恥辱を与えるため、牧の方の父・牧宗親に命じて、広綱の家を破壊した。

その事実を知った頼朝が激怒。宗親にことの顛末を問いただした。宗親は地面に顔をこすりつけて謝罪をしたが頼朝は許さず、宗親の髻《もとどり》を切って捨てている。武士にとってこの上ない恥をかかされた宗親は、泣いて逃亡したという。

亀の前はその後、小忠太光家の屋敷へと移された。頼朝の亀の前への寵愛ぶりは、さらに深まったと言われている。

EPISODE

三崎三御所の椿の御所に暮らす

頼朝は建久5（1194）年、相模国三崎に別荘を建設。「椿の御所」「桜の御所」「桃の御所」と三つの棟があり、「三崎三御所」あるいは「花の三御所」などと呼ばれた。「椿の御所」には、頼朝の寵愛を一身に受けたという側室が暮らしていたとの言い伝えがある。この側室とは亀の前だと思われる。

源氏

源頼茂

将軍の座を狙い謀反を起こした大内裏守護

みなもとの・よりもち

生年不詳～承久元（1219）年

父・源頼兼と同様に内裏を警護する大内裏守護を務めた。また、鎌倉幕府の在京御家人として、朝廷と幕府を仲介する立場でもあったとされる。

三代将軍・源実朝の死後、自らが将軍の座を狙っていたと伝えられる。そして、三寅（九条頼経）が将軍候補として鎌倉へ下向したことに不満を持ち、承久元年に京都において謀反を画策。

その企てを知った後鳥羽上皇は大内裏に兵を送り頼茂を襲撃。頼茂は中央部にある仁寿殿に立てこもって応戦したが、最後は建物に火を放ち、自害している。

この戦いによる火災で仁寿殿のほか、宝物を管理する宜陽殿、文書を所蔵する校書殿など内裏の中心部にある建物などが焼失。仁寿殿にあった観音像をはじめ、天皇家に伝わる歴代の宝物などが失われることになってしまった。

歴史スポットを訪ねる 1

頼朝が篤く崇敬した 鶴岡八幡宮

源頼朝が築いた鎌倉幕府を語る上で欠かすことのできない場所が鶴岡八幡宮だろう。頼朝が朝廷から発出された征夷大将軍の宣旨を受け取ったり、公暁が三代将軍・源実朝を暗殺したり…と、数々の歴史的な出来事の舞台となってきた。

康平6（1063）年、頼朝の五代祖先に当たる源頼義が京都の石清水八幡宮を現在の材木座の地に勧請《かんじょう》したのが始まり。治承4（1180）年、頼朝が本拠地として鎌倉の街を整備した際、現在の場所へと遷している。

東国社会の守護神として多くの武士の信仰を集めた鶴岡八幡宮では、祭事も数多く行われる。中でも毎年9月に執り行われる流鏑馬神事は、頼朝が天下泰平を祈願して催したのが始まり。頼朝が花開かせた武家文化は今も脈々と受け継がれている。

源氏

実権を握れなかった鎌倉幕府の四代将軍

九条頼経

くじょう・よりつね

建保6（1218）年～建長8（1256）年

父は九条家三代当主・九条道家、母は西園寺公経の娘。寅年・寅月・寅刻に生まれたため、幼名は三寅《みとら》と言った。建保7（1219）年に三代将軍・実朝が暗殺された後、鎌倉幕府は将軍に皇族を迎え入れたいと後鳥羽上皇に願い出るが断られる。そこで、源頼朝の妹・坊門姫のひ孫にあたる三寅が鎌倉幕府に迎え入れられることに。北条政子が三寅の後見人となり、尼将軍として将軍の代行をした。

嘉禄元（1225）年、元服し頼経を名乗ると、翌同2（1226）年に四代将軍に就任した。将軍と言っても名ばかりのもので、実権を握っていたのは政子と北条義時だった。政子と義時の死後、その権力は北条泰時と北条時房に引き継がれている。

年齢を重ね、官位が上がるにつれて、頼経の幕府内の力は徐々に強まっていった。すると、泰時の後を受けて四代執権となった北条経時との関係が悪化。寛元2（1244）年、経時により頼経は、九条頼嗣へ将軍職を譲渡させられる。翌同3（1245）年に鎌倉久遠寿量院で出家。執権排斥の動きを見せたため、五代執権・北条時頼によって京都へ送還された。

「集古十種」国立国会図書館蔵

EPISODE

宮騒動によって北条家の権力がより強固に

頼経が鎌倉から追放された事件は宮騒動と呼ばれている。背景には、執権として幕府の実権を握る北条家に対して反感を抱き、将軍の権力を取り戻そうとする御家人たちの思惑があった。年齢を重ねた頼経は自ら政権を握りたいと考え動いていたが、実行に移す前に追放されてしまった。

源氏

実朝暗殺の嫌疑をかけられた公暁の弟

禅暁《ぜんぎょう》

生年不詳〜承久2（1220）年

二代将軍・源頼家の四男。公暁の異母弟に当たる。元久元（1204）年、父・頼家が惨殺されたことを受けて、仁和寺に入室している。

公暁が三代将軍・源実朝を斬殺した後、二代執権・北条義時より、「兄・公暁と通じており、禅暁も実朝暗殺に加担したのではないか」という嫌疑をかけられた。

実朝暗殺から1年2カ月が経過した承久2年、京都の東山付近で誅殺された。享年は17〜19の間だと考えられている。

禅暁の母は右筆として源頼朝に仕えた昌寛の娘と言われる。夫で二代将軍の頼家が亡くなった後、三浦一族の武将・三浦胤義と再婚している。禅暁が公暁に加担した嫌疑をかけられながら誅殺されるまで1年2カ月もかかったのは、義父となる胤義が、禅暁の助命に動いていたためとの説もある。

源氏

頼朝の血筋を引いた最後の人物

竹御所《たけのごしょ》

建仁2（1202）年〜天福2（1234）年

二代将軍・源頼家と比企能員の娘・若狭局との間に生まれた。生後間もない建仁3（1203）年に比企能員の変が起こり、両親を亡くしている。その後、北条政子の庇護を受けて育った。

嘉禄元（1225）年、政子が亡くなると、政子の実質的な後継者となり、御家人たちからの尊敬を集めた。

寛喜2（1230）年、29歳になった竹御所は13歳の四代将軍・九条頼経と結婚する。その4年後の天福2年に待望の男児を身ごもるが死産となり、竹御所本人も命を落としてしまう。享年33。

跡継ぎができなかったばかりか、頼朝直系の唯一の子孫が亡くなったことで、源氏将軍の血統が途絶えることに。彼女の訃報を聞いた鎌倉武士や京都の御家人たちは、激しく動揺したという。

平氏

「諸行無常」「盛者必衰」を地で行った名門武家

武士による平家政権を確立し「平家にあらずんば人にあらず」と言われるほどの栄華を極めた平氏。その栄光と盛衰に関わった人物たちを紹介する。

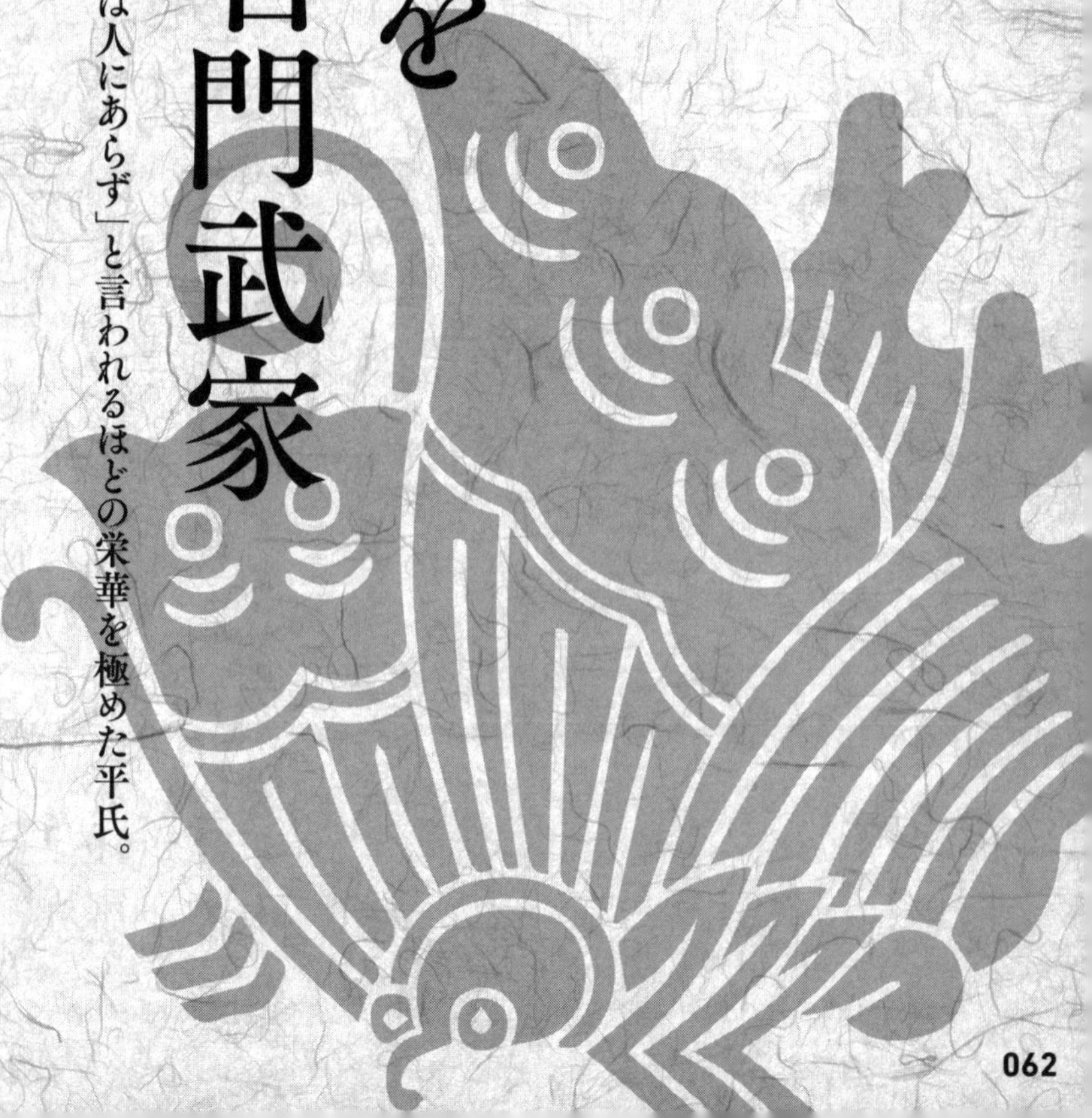

本書に関連する平氏系図

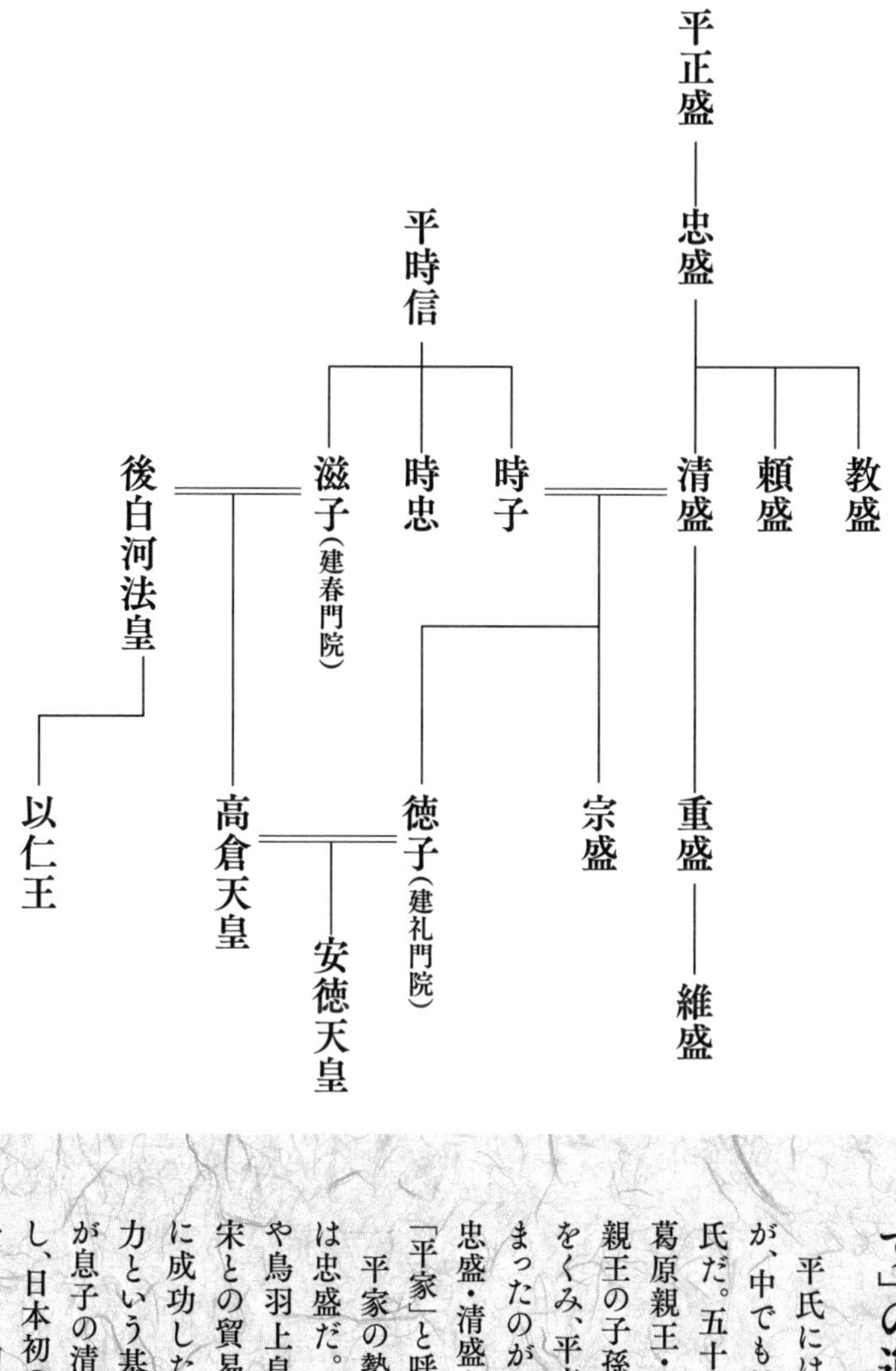

※本書に関連しない人物は省略している場合があります。

「おごる平家は久しからず」の運命を辿った一族

平氏には大きな四つの流派があるが、中でも最も有名なものが桓武平氏だ。五十代・桓武天皇の子である、葛原親王・万多親王・仲野親王・賀陽親王の子孫に当たる。葛原親王の流れをくみ、平貞盛の四男・平維衡より始まったのが伊勢平氏だ。特に平正盛・忠盛・清盛と続く、伊勢平氏の正統を「平家」と呼ぶ。

平家の勢力を大きなものにしたのは忠盛だ。北面武士として白河上皇や鳥羽上皇を武力面で支えたうえ、宋との貿易で巨万の富を蓄えることに成功した。忠盛が残した武力と財力という基盤を最大限に生かしたのが息子の清盛である。平治の乱で勝利し、日本初の武家政権を打ち立て、武士として初めて太政大臣にまで上りつめた。まさに平家の栄華を極めたが、清盛の死後、没落するのも早かった。

平氏

平清盛

たいらの・きよもり

多彩な才能を発揮し平家の全盛期を築き上げる

永久6(1118)年〜治承5(1181)年

それまでの貴族が中心となっていた政治体制を一転させ、武士が政治の中心となる世の礎を築いた人物。武家の出でありながら朝廷最高職の太政大臣にまで上り詰め、平家に栄華をもたらした。

保元元(1156)年、崇徳上皇と後白河天皇が対立し保元の乱が勃発。父・平忠盛の死後、平氏一門の棟梁となっていた清盛は、源義朝らと協力し後白河天皇の勝利に貢献した。論功行賞で清盛は播磨守に任命されている。

平治元(1159)年には、平治の乱が起こる。政治的実権を握りたい藤原信頼と義朝が仕掛けたクーデターだ。結果は清盛がついた朝廷軍が勝利。信頼は斬首され、義朝は敗走中に殺害された。義朝の子・源頼朝や源義経は死罪を免れている。

義朝を倒し政治を牛耳るようになった清盛は朝廷とも良好な関係を築き、その存在感を増していく。仁安2(1167)年には太政大臣を任官。この頃から宋との貿易にも力を入れ始め、大輪田泊(現・神戸市)に港を整備した。清盛が見立てた通り、日宋貿易は活況を呈し、清盛は莫大な利益を上げることに。また、全国に点在する500あまりの荘園を支配下に置くなど、その権力は頂点に達した。「平家にあらずんば人にあらず」という台詞が広まったのもこの頃だ。

治承4(1180)年、娘の徳子が生んだ子が即位して安徳天皇となると、清盛は独裁体制を固めていく。それに反発した以仁王が平氏追討の令旨を出すと、頼朝をはじめ源氏勢力が全国で挙兵。各地で源平の戦いが繰り広げられた。

同5年、源氏の勢いが活発となる中、清盛は病気のため死去。政治・経済両面で才能を発揮した希代のリーダーの死とともに、平氏は滅亡への道をたどっていくことになる。

TOPICS

厳島神社の海上社殿を造営

ユネスコの世界文化遺産に登録され、日本三景の一つにも数えられている厳島神社（広島県廿日市市）は、推古元（593）年に創建された。厳島神社信仰が深かった清盛は仁安3（1168）年、平安時代の貴族の邸宅様式である寝殿造り様式を取り入れた海上社殿の造営に尽力。清盛は、きらびやかな平安文化を担った人物でもあった。

最高位を叙任され、異例の出世を果たす

平清盛はわずか12歳で従五位下・左兵衛佐の位を授かった。当時は従五位下以上の位階を持つ者が貴族と認められていたため、武家出身の清盛が叙任されのは極めて珍しいことだった。清盛はその後も順調に出世。ついには従一位に叙された。その異例の出世ぶりに、清盛は白河上皇の実子ではないかとの説が流れたほどだった。

「大日本名将鑑」「平相国清盛」東京都立中央図書館特別文庫室蔵

EPISODE

横暴な暴君は虚像!? 政治力と商才を持つ傑物

『平家物語』に描かれている非道な振る舞いから、暴君や傲慢といったイメージの強い清盛だが、彼の功績を振り返ると、政治力、商才、国際感覚を併せ持った、当時の日本では希有な存在であったことが分かる。

清盛が活躍した時代は、天皇を頂点とした厳然たる階級社会。武家出身の清盛が、太政大臣の地位にまで上り詰めることができたのは、異例中の異例だった。娘を政略結婚に利用し、藤原氏をはじめとする貴族と深い関係を結ぶことに成功した。

また、6年の歳月をかけて大輪田泊に港を整備。外国船の入港を可能とし、宋との貿易を活発に行った。日本からは金や真珠、刀剣などを輸出。宋からは銅銭や書籍、茶などを輸入している。日宋貿易により、日本の貨幣経済は大きな発展を遂げることになった。

平氏

頼朝の命を救った清盛の継母

池禅尼《いけのぜんに》

生没年不詳

宋との貿易によって巨万の富を得て、平氏繁栄の礎を築いた平忠盛の正室。平清盛の継母に当たる。

仁平3（1153）年、忠盛の死去を機に出家。平家一門の邸宅が並ぶ六波羅の池殿に住んでいたことから池禅尼と呼ばれた。

崇徳上皇と後白河天皇が対立した保元の乱では、上皇側の敗北を予見。池禅尼は上皇の第一皇子・重仁親王の乳母という立場でありながら、息子の頼盛に、清盛のいる天皇側につくよう助言した。結果、天皇側が勝利。平氏は勢力を維持することができた。

平治元（1159）年に平治の乱が勃発。清盛が源義朝を破り、平氏政権が確立された。翌永暦元（1160）年、東国への逃亡途中に義朝は部下の裏切りにより殺害され、その嫡男・源頼朝は捕らえられ、京都の清盛の元へと送られた。

清盛は頼朝を処刑しようとしたが、池禅尼が断食をして助命を懇願。最後は清盛が折れ、頼朝を伊豆国に配流した。池禅尼が清盛と頼朝の運命を大きく変えることになった。

頼朝が池禅尼の菩提を弔うため堂宇（四方に張り出した屋根を持つ建物）を修繕したとされる明石寺（愛媛県西予市）/PIXTA

EPISODE

池禅尼が頼朝の助命を嘆願した理由

池禅尼が頼朝の助命を嘆願した理由は諸説ある。若くして亡くした息子の平家盛と頼朝が生き写しのように似ていたためだったとの説もあれば、頼朝が仕えていた上西門院や、頼朝の母方の親族となる熱田大宮司家の強い働きかけがあったからとの説もある。

平氏

平宗盛

たいらの・むねもり

偉大な父の跡を継いだ平氏最後の棟梁

久安3(1147)年～元暦2(1185)年

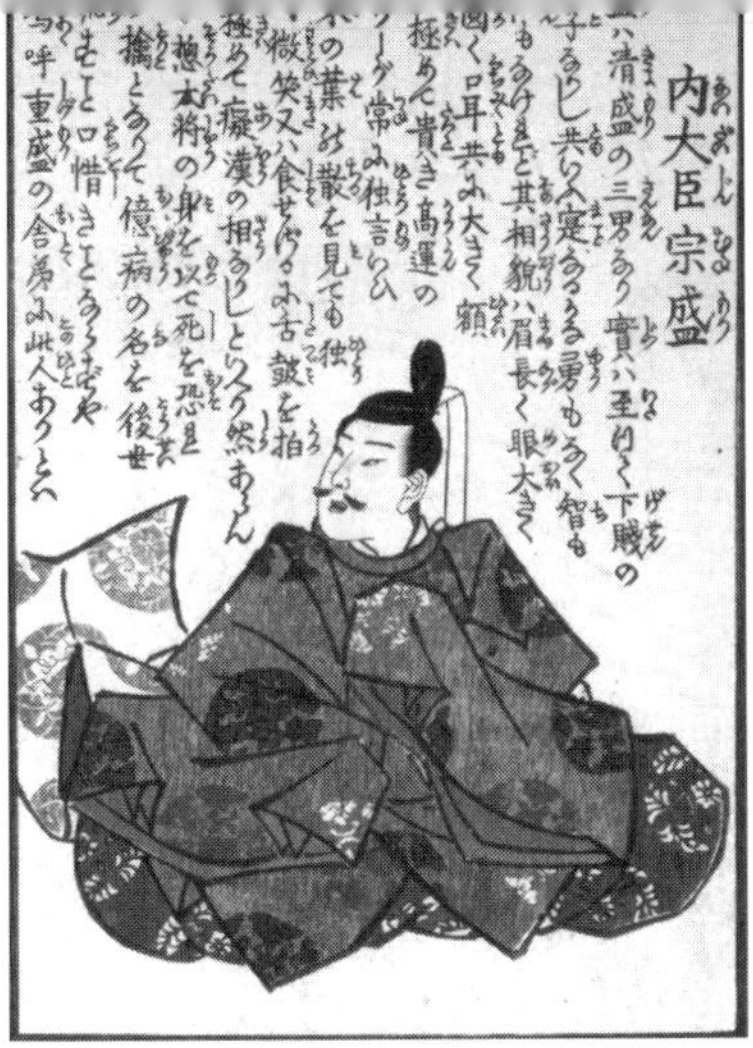

「武者鑑一名人相合南伝二」国立国会図書館蔵

平治の乱では父・平清盛とともに行動し、藤原信頼と源義朝を討ち取ることに成功。この活躍により、遠江守に命じられた。まだ13歳で一国の所領を任されるのは異例のことであった。

その後も清盛の後継者としての地歩を固めていき、治承2(1178)年には権大納言に就任している。妻・平清子を病気で亡くし、一度は意欲を失ったものの、兄・平重盛の死去に伴い、再び政治の道へ。父・清盛と後白河法皇との関係が悪化するなど、その政治手腕が問われる難題が、宗盛の双肩へとのしかかっていった。

宗盛は清盛の命令に従い後白河法皇を幽閉し、院政を停止。すると以仁王が平氏追討の令旨を出し、各地で源氏勢力が立ち上がることに。

同5(1181)年の清盛死去後、平氏の棟梁となった宗盛は、後白河法皇による院政を再開させる。源頼朝は法皇を通じて宗盛に和平を呼び掛けるが、清盛の遺言に従うとして拒否。その後も源平の戦いは続いたが、壇ノ浦の戦いで敗れ平家は滅亡した。

EPISODE

宗盛の西国への逃亡が都落ちという言葉の語源

都にいられなくなって、地方へ逃げ出すことを「都落ち」というが、この言葉の語源になっているのは、源平の戦いの中で宗盛のとった行動にある。平氏追討のため挙兵した源氏軍が勢力を増し、京都へ攻め上がってきた。危険を察知した宗盛は再起を期し、京都を離れ西国へと逃れている。

平氏

挙兵した頼朝の最初の標的となった伊豆国目代

山木兼隆

やまき・かねたか

生年不詳〜治承4(1180)年

　桓武平氏の流れをくむ。京都で検非違使の任務に当たっていたが、治承3(1179)年に父・平信兼との不和が原因で伊豆国山木郷へ配流された。その翌年、伊豆国の知行が平時忠に代わる。兼隆が検非違使として働いていた時の上司だった人物だ。その縁で兼隆は伊豆国目代に任命される。

　時忠の後ろ盾もあり、兼隆は同地で相応の権勢を誇るようになっていく。『曽我物語』によると、伊豆国の豪族・北条時政は、娘の政子を兼隆と結婚させようと話を進めていたが、源頼朝と恋仲になり破談に。それを知った兼隆は激怒したという。

　治承4年、平氏追討のために挙兵した頼朝が、最初の標的としたのが兼隆。彼の居館は小高い山の中腹にあり攻めにくかったため、時政や北条義時ら頼朝の軍勢は、屋敷の警備が手薄になる三島大社の祭礼の日に急襲。『源平盛衰記』によると、加藤景廉によって、兼隆の首は討ち取られたという。この勝利が鎌倉幕府成立への記念すべき第一歩となった。

山木兼隆の居館襲撃を描いた「大日本歴史錦繪」(一部)/国立国会図書館蔵

EPISODE

兼隆襲撃計画を周到に企てていた頼朝

　頼朝によって兼隆が討ち取られたのは三島大社の祭礼が行われた日の夜。兼隆の郎党の多くが遊びに出ていたと言われている。頼朝は側近の藤原邦通に兼隆の屋敷周辺を内偵させるなど、用意周到に襲撃の段取りを考えていたようだ。兼隆は満足に反撃もできないまま命を落としたという。

平氏

山木兼隆の後見となった〝すぐれたる勇士〟

堤信遠《つつみ・のぶとお》

生年不詳～治承4（1180）年

山木兼隆の後見役。〝すぐれたる勇士〟との異名を持ち、北条時政の好敵手でもあったと思われる。

治承4年、挙兵した源頼朝が、最初の標的としたのが伊豆国目代の兼隆の居館。頼朝は三島大社の祭礼日に、警備が手薄となっていた兼隆の居館への襲撃を決行。時政や息子の北条義時ら北条家の郎党にその先陣を切らせている。

武芸の腕が立つ信遠のことを、後々やっかいな存在になると見ていた時政は、兼隆の屋敷を襲う前にその北側にある信遠の屋敷を襲うよう、頼朝の軍勢についた定綱・経高・高綱の佐々木兄弟に依頼。定綱らはその命に従って、まずは信遠の屋敷へと向かった。

激しい抵抗を見せた信遠だったが、討ち取られている。定綱らは、その足で兼隆の居館にも駆けつけ、緒戦の勝利に貢献した。

歴史スポットを訪ねる 2

源平合戦最後の地

壇ノ浦

治承4(1180)年、源頼朝の挙兵に始まり、6年もの長きに及んだ源平合戦。最後の戦いが行われたのは、長門国(現・山口県下関市)の壇ノ浦だ。潮の流れの速い関門海峡を舞台にしての海戦で、源氏軍が約800艘、平氏軍が約500艘を出しての戦いだったという。

『平家物語』によると、序盤は強力な水軍を持つ平氏が有利に進めていたが、源義経が次々と平氏軍の船に飛び乗り、誰彼構わず斬りつけるという活躍を見せ、形成を逆転。敗北を悟った平氏の軍勢が次々と海へ飛び込み平氏は滅亡した。

合戦が行われた場所は壇ノ浦古戦場跡として、みもすそ川公園内に整備されている。遊歩道沿いには、源氏軍の総大将・義経や平氏方の総大将・平知盛の銅像、平氏方の武士がのどを潤した平家の一杯水などがあり、当時をしのぶことができる。

坂東武士

鎌倉幕府の有力御家人として、頼家の教育係も務める

比企能員

ひき・よしかず

生年不詳～建仁3（1203）年

源頼朝の乳母・比企尼の甥。後に養子となる。初代将軍・頼朝、二代将軍・源頼家からの信頼も厚く、鎌倉幕府を支える筆頭格の御家人だった。

頼朝が伊豆国に配流された約20年間、仕送りをして彼を支え続けた比企尼の計らいもあり、治承4（1180）年、頼朝が平氏追討のため挙兵すると、頼朝の元へすぐに駆けつけた。以来、後ろ盾となって頼朝を支え続ける。寿永元（1182）年、頼朝と妻・北条政子の間に頼家が生まれると、能員は教育係となる乳母父《めのとぶ》に選ばれた。また、妻は頼家の乳母《めのと》となっている。

元暦元（1184）年、信濃国へ遠征し清水冠者義高の残党を討伐。その後、平氏追討軍に加勢。数々の武功を打ち立てる能員を頼朝も信頼し、上野国と信濃国の守護に任命した。

文治5（1189）年の奥州合戦では北陸道大将軍として、翌建久元（1190）年の大河兼任の乱では東山道大将軍として、それぞれ兵を率いた。頼朝の上洛にも同行している。

同9（1198）年、娘の若狭局が頼家と結婚。長男・一幡が生まれると外戚として、さらに大きな権力を持つように。同10（1190）年に頼朝が死去。頼家が二代将軍に就任すると、経験の浅い頼家を支えるための13人の宿老の一人に選ばれている。

13人の中でも筆頭格の御家人だった梶原景時が失脚し、大病を患った頼家が危篤状態になると、将軍後継問題が浮上。頼家の長男・一幡こそ正当な後継者と主張する能員と、頼家の弟・源実朝を次の将軍としたい北条時政が激しく対立した。

建仁3（1203）年、能員は時政暗殺を企てたが、計画が露見し、一族もろとも時政に殺害される。「比企能員の変」である。伊豆国配流以来、頼朝、源氏を支えてきた比企氏であったが、その最期はあっけなかった。

TOPICS

頼朝が庇護した比企氏ゆかりの寺

「岩殿観音」の通称で知られる正法寺(埼玉県東松山市)は、養老2(718)年に開山された真言宗の名刹。鎌倉時代初期、頼朝に命じられて能員が復興した。恩のある比企氏が深く帰依した寺であることから、頼朝が庇護したという。頼朝は観音信仰に篤く、坂東三十三観音霊場を選んだ際に、正法寺も加えている。

跡継ぎとして養子となった能員

能員は比企尼の甥であるが、両親は不明。出身地は阿波国、あるいは安房国ではないかと考えられている。比企尼と夫・比企掃部允は3人の子宝に恵まれたが、いずれも娘。跡継ぎとなる男児に恵まれることはなかった。そのため、比企尼は能員を養子として迎え入れた。比企氏は有力な御家人となったが、時政の陰謀で滅亡した。

「星月夜顕晦録」国立国会図書館蔵

EPISODE

陰謀を企てたはずがさらなる陰謀が……

『吾妻鏡』によれば、病床の頼家と能員が時政暗殺計画について謀議しているのを聞きつけたのは北条政子。急ぎ、時政に知らせた。時政は、政所別当・大江広元に相談。逆に能員を暗殺する計画を立て、即実行に移した。

「仏像供養の儀式を屋敷で催すので、ぜひ出席してほしい」。時政のそんな誘いに、能員は警戒心を持つことなく応じた。武装もせず平服で時政の屋敷に現れたという。そして、待ち構えた仁田忠常と天野遠景らによって斬りつけられてしまう。能員暗殺に成功した時政は、一族の人間も殺害。比企氏はあっけなく滅亡した。

家の格では北条家より上であった比企氏が、「比企能員の変」で滅亡したことで、鎌倉幕府を支える有力御家人の中での北条家の勢力は加速度的に増していった。

坂東武士

安達盛長

伊豆配流時代から頼朝に従う最古参の御家人

あだち・もりなが

保延元（1135）年～正治2（1200）年

比企尼の長女・丹後内侍を妻に持つ。比企尼の命令に従い、源頼朝が流人として伊豆国に幽閉されていた頃から側近として仕えていた。丹後内侍が二条天皇に仕えていた関係で京都の情勢に詳しく、配流中の頼朝に逐一情報を伝えていたという。

治承4（1180）年、石橋山の戦いで大庭景親率いる平氏軍に敗れた時は、頼朝と行動をともにし、船で安房国へと逃れている。そこで出会ったのが、下総国を治めていた大豪族の千葉常胤。盛長の説得もあり、常胤は頼朝と行動をともにすることになる。

再度挙兵をした頼朝軍は富士川の戦いで平氏軍に勝利。頼朝は平氏軍を追って京都へ攻め上がろうとしたが、他の武将たちの勧めに従いまずは関東の制圧を急ぐことに。寿永2（1183）年、上総広常を誅殺すると、関東では頼朝と敵対する勢力はいなくなった。

頼朝は続いて平氏追討のための兵を出すことになるが、盛長がこれに加わることはなかった。元暦元（1184）年には、上野国の奉行人に就任している。

建久5（1194）年には初代三河国守護となる。源氏一門ではない武士が就任するのは異例の人事。伊豆の流人時代から、そばに付いて頼朝を支えてきた盛長への論功行賞ではないかと考えられる。

建久10（1199）年、頼朝が急死すると、盛長は出家をして蓮西を名乗った。政治の世界から身を引いたはずだったが、二代将軍・頼家を支えるための13人の宿老の一人に選ばれ、幕政に参画することに。翌正治2年に起きた梶原景時の変では、強硬派の一人として景時の弾劾に積極的に関与した。

経験が豊富で御家人勢力の中核を担っていたが、同年に死去。66年の人生の幕を静かに下ろしている。

「集古十種」国立国会図書館蔵

TOPICS

頼朝も通った盛長の屋敷

盛長は頼朝より、恩賞として鎌倉の甘縄に土地と屋敷を与えられた。以後、安達家が四代にわたって居館としている。伊豆国での流人時代から側近として支えてきた盛長に対する頼朝の信頼は厚く、頼朝が私用でしばしば盛長の屋敷を訪ねていたという。ちなみに、甘縄という地名は甘縄神社にちなんでいると考えられている。

造営した三河七御堂の一つ

愛知県蒲郡市にある長泉寺には、盛長の墓であり、蒲郡市指定文化財の安達藤九郎盛長五輪塔が安置されている。初代三河国守護になった盛長は、頼朝に命令されて、三河国各地にあった社寺の再興や新たな社寺の造営を積極的に行った。この長泉寺は盛長の守護時代に建立された。

EPISODE

陸奥国安達郡を所領 安達同家の祖となる

盛長は藤原四家の一つ、藤原北家の流れをくんでいる。兄・藤原遠兼が武蔵国足立郡を所領していたことにちなんで、「足立」姓をしばらく名乗っていた。『尊卑分脈』によれば、13人の宿老の一人である足立遠元の叔父にあたるというが、信憑性は乏しい。

文治5（1189）年、奥州合戦に参戦。陸奥国安達郡を所領した。同地を本貫地として、姓を「安達」に変更。こうした経緯をたどり盛長は安達家の祖となった。

盛長は妻・丹後内侍との間に3人の子宝に恵まれている。『吾妻鏡』によれば、長男・景盛は二代将軍・頼家に妾女を奪われたことから、両者は緊張関係に陥った。北条政子が頼家を、盛長が景盛をそれぞれ諫め、事態の収拾を図った。その後、安達は北条本家に嫁を出し、姻戚関係を強めている。

坂東武士

和田義盛

わだ・よしもり

北条義時の謀略で壮絶な最期を遂げた有力御家人

久安3(1147)年～建暦3(1213)年

相模国三浦郡を本拠地とする大豪族・三浦義明の孫。同郡和田を所領していたため和田姓を名乗った。治承4(1180)年に源頼朝が挙兵すると、叔父の三浦義澄とともに頼朝に加勢することを決めた。500騎あまりの兵を率いて石橋山へ向かったが、折からの大雨で酒匂川《さかわ》が増水し、足止めを食ってしまう。その間に戦は始まり、頼朝軍は惨敗した。

その後、敗走先の安房国で頼朝と合流。さらに軍勢を増やすため、義盛は上総国を束ねる実力者・上総広常の元を訪ねている。重い腰の広常をなんとか説得し、広常は2万もの兵を出した。

そして迎えた富士川の戦いで平氏軍を破ると、関東の制圧を優先した頼朝の命令で佐竹氏討伐のため常陸国へ遠征。広常とともに三代当主・佐竹秀義を生け捕りにした。その後、頼朝は関東を統治するための機関を設置。義盛は軍事や警察を担う侍所の初代別当(長官)に任命されている。自らが望んだポストだった。

二代将軍・源頼家の時代には、13人の宿老の一人に選ばれている。梶原景時の変では、自らも署名した弾劾状を頼家に提出。その後に起きた比企能員の変、畠山重忠の乱ではそれぞれ北条時政に手を貸している。

ライバルたちを蹴落とし、御家人の中で、着実に実力を付けた義盛を疎ましく思っていたのが、二代執権で幕府の実権を握っていた北条義時だ。さらに権力を我が者にしようと画策した義時は面前で義盛を挑発し、謀反を起こさせようと仕向けた。勇猛果敢で一本気な性格の義盛は、まんまとその企みにはまる。義盛は建暦3(1213)年に挙兵。鎌倉の市街地で激しい戦いを展開した。いわゆる和田合戦だ。しかし、圧倒的な兵力を誇り、さらには三代将軍・源実朝の身柄も確保した幕府軍に敗れ、義盛は一族もろとも滅ぼされた。

「源平英雄競 和田左エ門尉義盛」国立国会図書館蔵

TOPICS

敵軍も驚かせる弓矢の腕前

義盛は弓矢の名手でもあった。『平家物語』によると、壇ノ浦の戦いでは遠くまで矢をかけ、平氏軍を驚かせたという。それにとどまらず、弓矢で次々と敵兵を射抜く活躍も見せている。その一方で、『吾妻鏡』によれば、長い遠征に嫌気がさし、自軍の兵の前で「早く関東へ帰りたい」などと、軍勢を率いる人間とは思えない発言もしている。一軍の将としては、その資質に疑問も残る。

源義朝の菩提寺願主は義盛

神奈川県横須賀市にある浄楽寺は、平安時代後期から鎌倉時代初期にかけて開創された浄土宗の名刹。寺伝によると、元暦元(1184)年に頼朝が父・源義朝を弔うために勝長寿院を創建したが、建永元(1206)年の台風で本堂などが壊れたため、義盛と北条政子の手で現在の地に移したと言われている。義盛が建立した七阿弥陀堂の一つとの説も。

EPISODE

北条義時の挑発にまんまと乗ってしまう

建暦3年に起こった和田合戦は、信濃国武将・泉親衡による北条家打倒計画が露見したことがきっかけ。実はその計画に義盛の息子の義直、義重と甥・胤長らが関わっていたのだ。義盛は三代将軍・実朝を訪ね、許しを求めた。しかし、願いは聞き入れられない。和田一族が見守る中、胤長は縄で縛られた上、所領を別の御家人へ引き渡すよう命じられた。これはすべて義時の策略。人前でこの上ない恥辱を味わった義盛が、謀反を起こすように仕向けたのである。義盛はまんまと義時の挑発に乗ってしまった。

義盛は一族郎党を集めて挙兵。鎌倉の市街地を舞台に幕府軍と戦った。武を誇る和田一族は激しく抵抗したが、最後は数で圧倒し、実朝までも確保した幕府軍に破れた。この勝利により、義時の権勢はさらに増すことになった。

坂東武士

伊豆配流時代の頼朝を知る有力御家人

三浦義澄

みうら・よしずみ

大治2（1127）年～正治2（1200）年

三浦氏は相模国三浦郡を本拠地とする大豪族。伊豆国へ配流された源頼朝のところへよく顔を出していた。その際、頼朝が挙兵した時は加勢するとの約束を交わしていたという。

治承4（1180）年に頼朝が挙兵。義澄軍は頼朝軍と合流して石橋山の戦いに臨むはずだったが、折からの大雨による酒匂川の増水により足止めを食い、合流することは叶わなかった。

合流目前で思わぬ事態に巻き込まれ、石橋山の戦いに参戦することができなかった義澄軍は、三浦へ引き返す途中の由比ケ浜で平氏方の畠山重忠軍と遭遇し、合戦が始まった。重忠軍は一旦退却したものの、加勢を呼びかけ大量の兵を率いて、三浦氏の本拠地・衣笠城を攻め立てた。悪化する戦況に義澄は城から脱出することを決意。89歳と高齢の父・三浦義明を城に残し、海路で安房国へ向かった。衣笠城は落城。義明は命を落とした。

義澄は海上で頼朝と合流。安房国に入ると、千葉常胤や上総広常ら下総、上総国を本拠とする有力な武将らも加えて頼朝軍が再度決起する。頼朝軍はその後の戦いを制し、関東を制圧。鎌倉入りを果たした。衣笠城合戦で一戦を交えた重忠については北条時政の仲立ちで和解している。

義澄はその後、西国での平氏討伐、奥州合戦にも参戦。武功を挙げている。その功績が認められ、建久3（1192）年に頼朝を征夷大将軍に任命する叙書を勅使から受け取る大役に選ばれている。

建久10（1199）年の頼朝の死去後は、二代将軍・頼家を支える13人の宿老の一人に選ばれる。正治2（1200）年に起きた梶原景時の変では、景時追放に加担した。ところが、梶原一族が滅んだわずか3日後に病死。宿老としての務めを果たすことなく、この世を去ることになった。

TOPICS

薬王寺跡にある義澄の墓

薬王寺は建暦2(1212)年に和田義盛が父・杉本義宗や叔父・義澄の菩提を弔うために創建したと伝えられている。しかし、明治9(1876)年に廃寺となってしまう。神奈川県横須賀市の薬王寺の跡地には、数基の石塔が立っている。このうち、凝灰岩でできた方形石を三重にした石塔が義澄の墓だと言われている。

180年続いた三浦氏の衣笠城

三浦氏の祖・三浦為通が康平5(1062)年に築城した衣笠城。宝治元(1247)年の宝治合戦で七代目にあたる三浦泰村が北条時頼に敗れるまで、約180年にわたって三浦氏の居城となっていた。今はもうその姿を見ることはできないが、跡地には城址碑が立っている。その隣りにある巨岩は「物見岩」と呼ばれ、かつては周囲が見渡せたという。

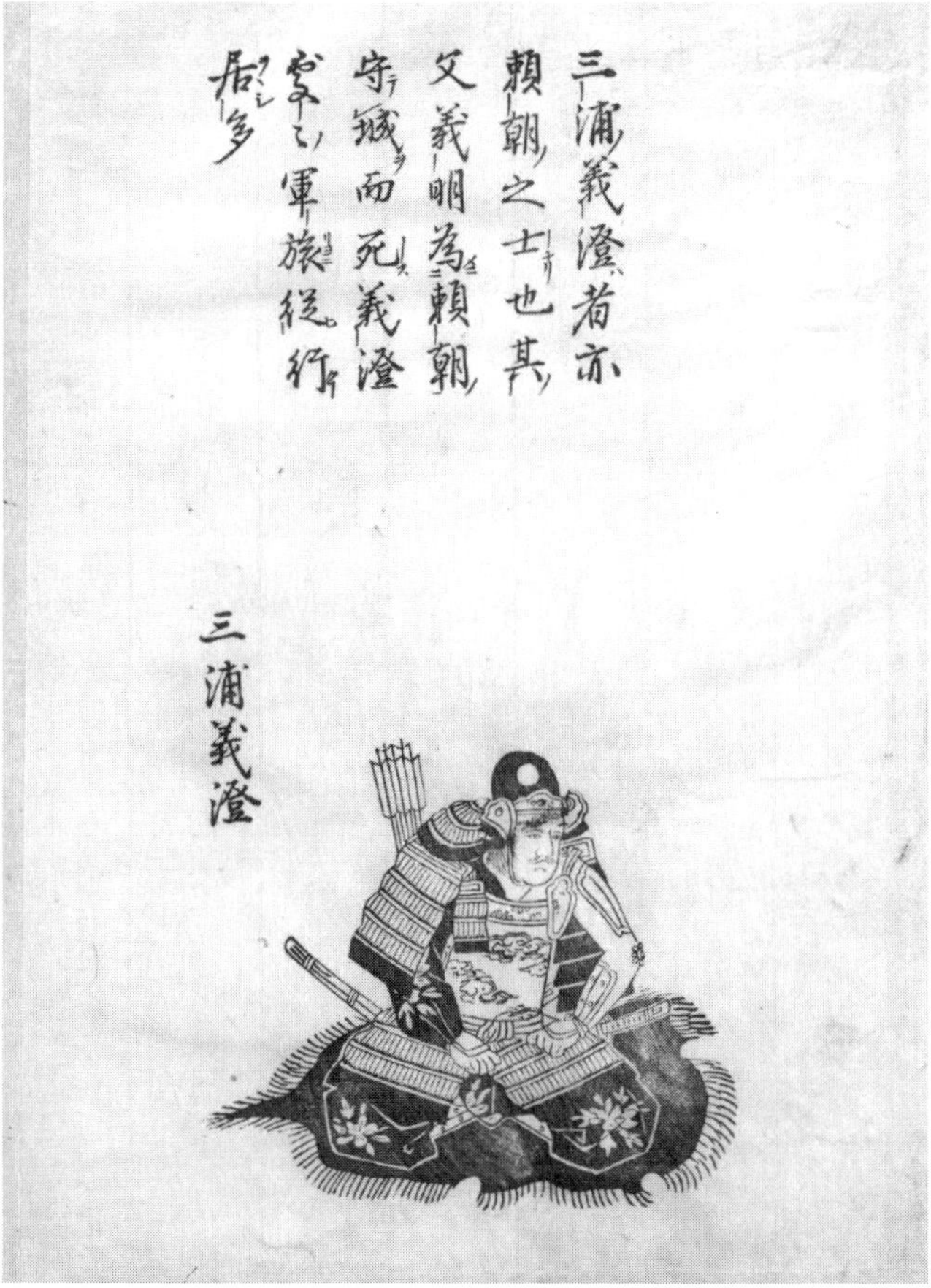

「本朝百将伝」国立国会図書館蔵

EPISODE

天皇からの文書を受け取る大役を果たす

74年の人生の中で義澄が最も名誉を感じたに違いないのは、頼朝を征夷大将軍に任命する叙書を受け取る役を務めた時だろう。義澄はひざまずき天皇の使いである勅使から文書を受け取ると、乱箱に入れ、腰をかがめて、うやうやしく頼朝に渡している。鶴岡八幡宮で行われたこの儀式の様子は『吾妻鏡』に「千万人の中に、義澄、この役に応じ面目絶妙なり」などと描かれている。これにより、義澄は鎌倉幕府の御家人の中でも筆頭格の地位にいることを諸国の武士たちに広く知らしめることになった。

義澄が大役に選ばれたのは、衣笠城の合戦で死去した父・義明の功績に報いるためのもの。義澄が普段から何事にも冷静沈着に対処している姿が、大役を任せるにふさわしいと判断されたのかもしれない。

坂東武士

三浦義村

さまざまな陰謀を巡らせ、成り上がった謀将

みうら・よしむら

生年不詳〜延応元（1239）年

三浦義澄の二男。実直で情に厚い武士として知られた父・義澄とはまったく正反対の性格で、権謀術策を巡らせ、その地位を高めた。

手始めは正治2（1200）年の梶原景時の変。『吾妻鏡』によれば、亡くなった源頼朝を偲び「忠臣は二君に仕えず」などと発言した結城朝光に謀反の嫌疑をかけた景時を、和田義盛、安達盛長と相談の上、排除することに決めたのは義村だった。源頼家の「一の郎党」と呼ばれ御家人の中でも特別な存在だった景時は、この一件によって失脚している。

同年に父・義澄が死去した後は、有力な御家人の一人として、北条義時との協力関係を築いていく。建暦3（1213）年、義盛が義時と対立して起きた和田合戦では、義村の裏切りが戦況に大きく影響した。義村は義盛の味方を装い、義時に挙兵の情報を流していたという。それを知った義時は三代将軍・実朝を介して多数の御家人から兵を集め、和田一族を滅亡させた。

建保7（1219）年、実朝を斬殺した公暁が、「自分を将軍に立てるよう取りはからえ」と義村に要求した時も、義時に伝え、公暁を誅殺した。義村はその功績から駿河守に任官されている。

承久3（1221）年の承久の乱でも、弟・三浦胤義から後鳥羽上皇側につくように誘われたが、義時に従い幕府軍として参戦した。

元仁元（1224）年に義時が病死すると、後妻の伊賀の方が、娘婿・一条実雅を将軍に立てようとする伊賀氏の変が起こる。義村はこの陰謀に加わるよう求められたが、北条政子の説得で翻意。三代執権・北条泰時支持に回っている。

動乱の時代をしたたかに立ち回り、北条氏に次ぐ実力を身に付けた義村。謀将と呼ぶにふさわしい存在だ。

TOPICS

土壇場での裏切りは源氏への忠誠心

義村が和田合戦の土壇場になって義盛を裏切った理由は、源氏への忠誠心。祖父・三浦義明が主君として仕えてきた源氏に対して反乱を起こしたとなると、天罰が下るのではないかと、恐れをなしたことが理由だと考えられる。また、同じ三浦一族でありながら、本家筋の義村より義盛の役職が高いことが気に入らなかったという説もある。

三浦一族は六代にわたり繁栄

三浦氏は坂東八平氏の一つで、相模国三浦を本拠地とする大きな武士集団。『寛政重修諸家譜』によると、平為通が相模国三浦の領地を与えられ「三浦」姓を名乗ったのが始まり。その後、義澄の二男・義村まで六代にわたって繁栄した。神奈川県横須賀市では2年に一度、三浦一族の偉業をたたえ「三浦一党出陣式武者行列」が行われている。

歌舞伎・浄瑠璃「鎌倉三代記」の義村より/東京都立中央図書館特別文庫室蔵

EPISODE

幕府内で確固たる地位 一族の最盛期を迎える

義時と連携して謀略を巡らし、したたかに生き抜いてきた義村。晩年は幕府内で確固たる地位を築いていた。三浦一族の最盛期もこの頃である。

嘉禄元(1225)年、三代執権・北条泰時により、行政・司法・立法を司る幕府の最高政務機関「評定衆」が設置された。義村は宿老として、評定衆に参加。幕府内の地位は北条氏に次ぐものとなっていた。貞永元(1232)年には武家政権のための法令「御成敗式目」の制定にも携わっている。

嘉禄2(1226)年、四代将軍に九条頼経が就任すると、義村は二男・泰村とともに頼経にも仕えている。暦仁元(1238)年、将軍就任以来、久々に上洛することになった頼経一行の先陣という大役を、義村が務めている。頼経はもちろん義村にとっても、晴れの舞台となったことだろう。

坂東武士

60歳を超えて頼朝の挙兵に参加した老御家人

岡崎義実

おかざき・よしざね

天永3（1112）年～正治2（1200）年

治承4（1180）年、源頼朝が挙兵すると、長男・佐奈田義忠とともに加勢した。すでに60歳を超えていたが、挙兵前に頼朝から直接「頼りにしている」と声をかけられたことに感激。命をかけて戦うことを誓った。

石橋山の戦いでは、平氏方の大庭景親軍3000騎に対し、頼朝軍の兵力は300騎あまり。『平家物語』などによれば、その状況にもかかわらず義忠は勇猛果敢に敵陣へと切り込んでいった。しかし、奮闘むなしく義忠は戦死。頼朝軍も惨敗を喫した。義実にとっては辛い戦いとなった。

若い頃は「悪四郎」の異名を持つ勇敢な武士だったという。その一端が窺えるのが、治承5（1181）年のとある酒宴での出来事。頼朝のお下がりの水干を着て喜ぶ義実を、上総広常がからかったところ、烈火のごとく怒り、つかみ合いの喧嘩となったという。

晩年はかなりの不遇をかこった。貧乏で所領もわずか。「子孫の行く末が案じられる」などと、北条政子に窮状を訴えた。政子は石橋山の戦いでの功績は老いても消えないと、二代将軍・源頼家に所領を与えるよう取りなしている。

義実が築城した岡崎城址の本丸跡に立つ無量寺（神奈川県伊勢原市）/PIXTA

EPISODE

息子の敵を討たなかった慈悲深い義実

石橋山の戦いで嫡男・義忠を討ち取ったのは、平氏方の武将・長尾定景。定景を捕らえた頼朝は、その身を義実に預けた。しかし、定景が毎日経を唱えている姿に、首をはねるのは、忍びないと思うようになっていた。義実は、頼朝に「定景を討ったら天国の義忠が難をこうむる」と定景の赦免を申し出ている。

坂東武士

頼朝を救った生真面目な武将

土肥実平

どい・さねひら

生没年不詳

治承4（1180）年、源頼朝が挙兵すると、長男・土肥遠平ら中村一族を率いて参戦した。実平の本拠・土肥で三浦義澄軍と合流する予定だったが叶わず、頼朝軍は少数で石橋山の戦いに望まざるを得なかった。

戦いに敗れた頼朝と実平ら8人（騎）は山の中を逃走。『吾妻鏡』によれば、実平は「敵に見つからないようにバラバラで逃げることが大事」などと極力少ない人数で行動するよう呼び掛けたという。何とか敵に見つからずに済んだ頼朝は、実平が手配した船に乗り、真鶴から安房国へと海路で逃げ延びることに成功した。再決起から鎌倉入りするまで、実平はずっと頼朝に付き従っている。

その後も木曽義仲討伐のための宇治川の戦いや、一ノ谷の戦いに従軍。その後、備前、備中、備後国の惣追捕使（守護）に任命されている。

頼朝は実平の軍事能力を高く評価。平氏追討のための西国遠征にあたって、軍のナンバー2に当たる奉行に梶原景時と実平を抜擢している。

「本朝百将伝」国立国会図書館蔵

EPISODE

石橋山に残る七騎落伝説

石橋山の戦いで、頼朝が船のある真鶴岬まで見つからずに逃げ通すことができたのは土地勘のある実平がいたからだ。乗船の際、頼朝は「8騎は縁起が悪いため7騎に減らすように」と実平に命じている。そのため実平は息子・遠平を乗船させず、7騎を乗船させた。これが「七騎落」の伝説である。

坂東武士

梶原景時《かじわら・かげとき》

主君には評価されるも、周囲からの人望に欠けた有力御家人

生年不詳〜正治2（1200）年

実務処理能力が高く、教養も身に付けていたことから、源頼朝、源頼家と鎌倉幕府の将軍二代にわたって重用された有力御家人。筆頭の側近でありながら、他の御家人のねたみや反発を買って失脚した。

坂東八平氏の流れをくむ武士。治承4（1180）年の石橋山の戦いでは、同族の大庭景親とともに頼朝追討の平氏側につき、勝利に貢献。『吾妻鏡』によると、山中に潜伏する頼朝を確認しながらも、周囲に知らせることはせず、頼朝の窮地を救ったという。

その後、頼朝の御家人となった景時は上総広常の誅殺をはじめ、頼朝に命じられた任務を確実に遂行し、その信頼を得ていく。その後、寿永3（1184）年から元暦2（1185）年にかけて西国・九州を回った平氏追討の遠征に参加。平氏滅亡に貢献した。

遠征後の景時は、戦の中で総大将を務めた源義経に独断専行や越権行為が見られたことを頼朝に報告。伝え聞いた頼朝は激怒し、義経の鎌倉への帰還を許さず、京都へと追い返している。

建久3（1192）年、景時は侍所別当に就任。冷静沈着で事務処理能力があることを頼朝に評価されての登用だった。『愚管抄』では、「鎌倉の本体の武士（頼朝の第一の家来）」と絶賛されている。

建久10（1199）年に頼朝が急死し、長男・頼家が二代将軍に就任した後も、景時重用は続いた。当然、若くて経験の浅い頼家を支えるための13人の宿老にも選ばれている。

側近のトップに上り詰めたが、周囲の御家人たちからの評判は極めて悪かった。正治2（1200）年、結城朝光に関する虚偽の報告をきっかけに、66人の御家人から弾劾状が出された「梶原景時の変」で失脚すると、一族もろとも滅ぼされてしまう。

TOPICS

息子を救った梶原の二度駆け

知性派のイメージが強い景時だが、もちろん武功も挙げている。『平家物語』などによれば、寿永3年に起きた源平合戦の一つ、一ノ谷の戦いでは、敵陣の中を名乗りながら駆け破り、捕らえられていた息子の景季を救い出すなど、目覚ましい活躍を見せている。この働きは「梶原の二度駆け」と称され、景時の武勇伝の一つとして語られている。

景時終焉の地は人気のスポットに

静岡県静岡市の中心部からほど近くの小高い山に整備された梶原山公園は、展望台から昼は富士山、夜は静岡市街地の夜景が楽しめる人気のスポット。景時が自害した場所だと伝えられ、園内には景時終焉の地であることを示す石碑や、景時親子の供養塔などが立っている。ハイキングがてら、往時の景時に思いを馳せてみてはいかがだろう。

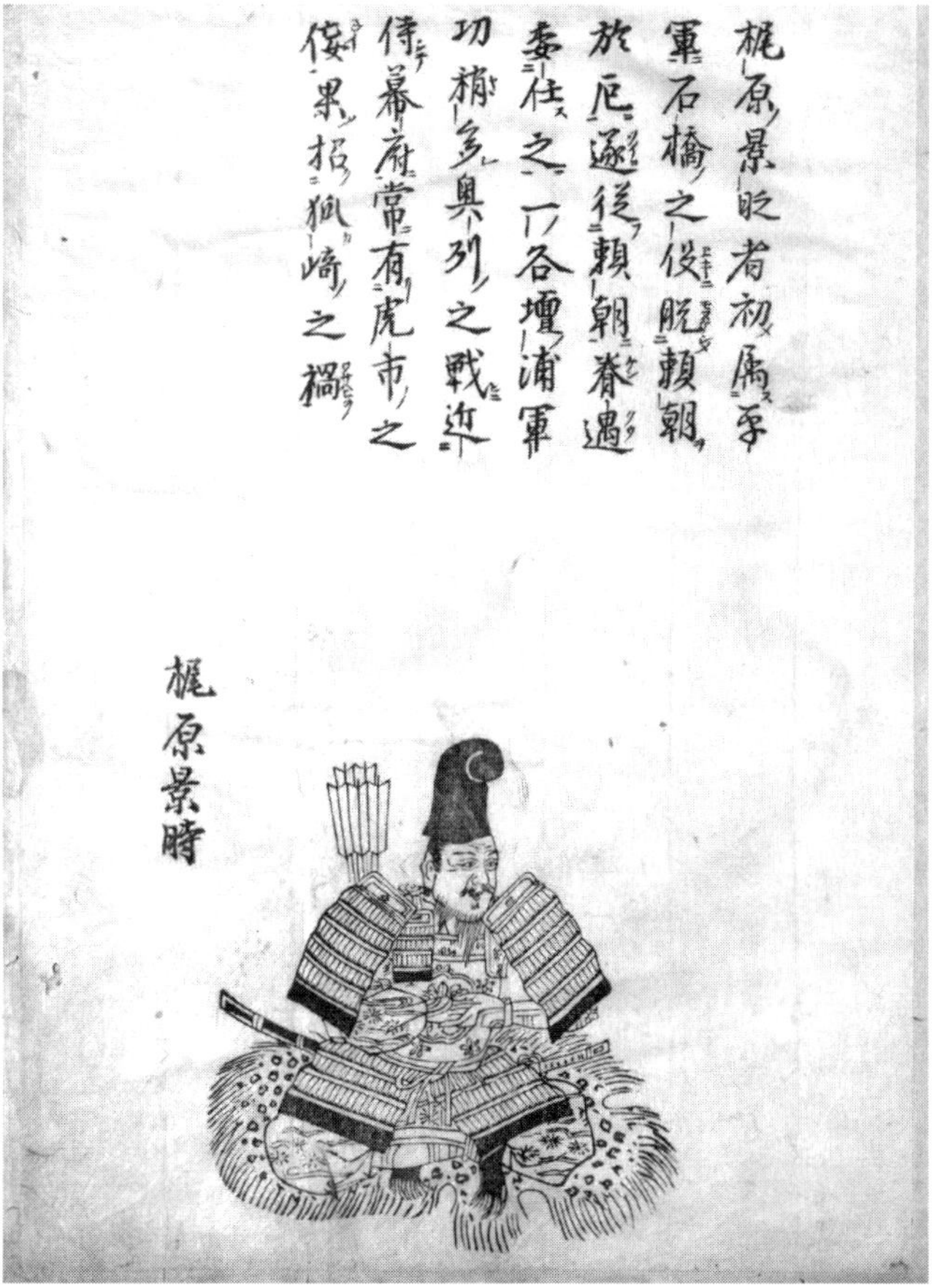

「本朝百将伝」国立国会図書館蔵

EPISODE

鎌倉追放後、駿河国で討ち死に

正治元（1199）年、66人もの御家人から景時排斥を求める弾劾状が出された際、頼家は景時に弁明の機会を与えている。しかし、景時は弁明することなく一族を引き連れて所領の相模国一ノ宮へと退いた。『吾妻鏡』によれば、翌同2（1200）年、景時は一族とともに京都へと向かった。九州の軍兵を集め、武田有義を将軍に立て反乱を試みようと考えていたとされる。

しかし、途中の駿河国清見関で地元の武士たちに遭遇。合戦を繰り広げたが、一族のうち33人が討ち死にした。「二代にわたる将軍の寵愛を受け傍若無人に振る舞ってきた報い」（吾妻鏡）などと悪意を持つ人も多いが、近年その評価は変わってきている。実務処理能力が高く、弁舌巧みで、教養もある、御家人きっての切れ者だったというものだ。

坂東武士

平氏のために力を尽くした相模の武士

大庭景親《おおば・かげちか》

生年不詳～治承4（1180）年

相模国の豪族。平治元（1159）年に起きた平治の乱で囚人となったが、平氏の計らいで死を免れたことに恩義を感じ、以降は平氏のために尽力した。

後白河天皇と崇徳上皇の対立によって保元元（1156）年に勃発した保元の乱では、兄・大庭景義とともに後白河天皇側についた源義朝の軍勢に参加。崇徳上皇の御所・白河北殿の門を守る源為朝に景義とともに挑みかかった。

すると、為朝の放った矢が景義の左膝に当たる。討たれた景義は馬から転落。その様子を近くで見ていた景親は、すぐに景義を助け出した。戦は後白河天皇側が勝利。崇徳上皇らは敗走した。

院政を敷く後白河上皇に反発した藤原信頼や義朝らが起こした平治の乱でも、景親は兄・景義とともに義朝の軍勢についた。この戦いで義朝軍は惨敗。平氏が勢力を伸ばしていくことになる。

平氏方に捕らえられた景親は死も覚悟したようだが、義朝とは疎遠という理由で許される。命拾いした景親は、平氏に属することを決め、棟梁である平清盛に馬を贈っている。

治承4（1180）年に源頼朝が挙兵。景親の軍は相模湾に面する石橋山で頼朝軍を迎え撃った。三浦一族の軍勢が頼朝軍に加担するため、兵をまとめて向かっていることを知った景親は、大雨が降る日暮れの時間に敢えて攻撃を仕掛け、頼朝軍を圧倒した。景親は山中に逃れた頼朝を捜索したが、梶原景時の嘘言を信じ、取り逃がしている。

石橋山の戦いで敗走した頼朝は安房国で再起をはかり再度侵攻を開始、富士川の戦いで平氏軍に勝利した。その3日後、景親は降伏。上総広常に一旦預けられたが、またその3日後に固瀬川で処刑された。

TOPICS

弟とは対照的 景親の兄・景義

景親の兄・景義は、保元の乱で為朝の矢を膝に受けて大けがを負った。この影響もあり、家督を景親に譲って、懐島で隠居生活を送っていた。ところが、頼朝挙兵の報を聞くと、すぐさま頼朝軍に参加。以来、御家人の一人として長い間、鎌倉幕府に仕えている。平氏に仕え短命に終わった弟・景親とは対照的な人生を送った。

妻を斬りつけた 悲劇の伝説が残る

静岡県三島市にある景親の妻を祭った妻塚観音堂には、悲劇の伝説が残されている。頼朝の暗殺を企てていた景親が、暗闇の中で見かけた人影を斬りつけると、それは頼朝ではなく自分の妻だった。暗殺を止めようと近づいたところを間違えて斬ってしまったのだ。景親が妻の冥福を祈って建てたのが、妻塚観音堂だという。

「石橋山伏木隠 大場三郎景親」(一部)/電子博物館みゆネットふじさわ提供

EPISODE

追討軍結成の遅れが 富士川の戦果に影響

頼朝が挙兵をしたことを受け、相模国にいた景親は急いで使者を平清盛がいる福原(現・神戸市)へと走らせた。追討軍を派遣することは決まったものの、遅々として人選は進まず、いたずらに時間ばかりが過ぎる状況となっていた。その間にも頼朝軍は関東の有力武士を従えて西へと進攻。その数は数万騎に及んだという。

平維盛を総大将とする頼朝追討軍が進軍してきたのは、景親が使者を送ってから1カ月以上も後のこと。西国の飢饉により兵の士気も低下していた。景親は維盛軍に合流しようと考え1000騎の兵を出したが、維盛軍が敵方に取り囲まれていたため、やむなく兵を解いている。結局、富士川の戦いは源氏の勝利に終わる。平氏方の追討軍結成までの動きが早かったら、結果は違っていたかもしれない。

坂東武士

乳兄弟の頼朝に向けて矢を放った男

山内首藤経俊

やまのうちすどう・つねとし

保延3（1137）年〜嘉禄元（1225）年

母は源頼朝の乳母・山内尼。頼朝とは乳兄弟になる。治承4（1180）年、挙兵を決意した頼朝は側近・安達盛長を経俊の元へ遣わした。頼朝軍への加勢を呼び掛けるためだ。しかし、『吾妻鏡』によれば、経俊は「平氏と源氏を比べるのは富士山と背比べをするようなもの」などと言い放ち、盛長を追い返したという。

石橋山の戦いが始まると、経俊は平氏方の大庭景親の軍に加勢。頼朝に向けて経俊が矢を放つ場面もあった。この戦いで敗れた頼朝は、逃走先の安房国で再起を図り、富士川の戦いで平氏軍に勝利した。景親は降伏し、経俊は捕らえられた挙句、所領の相模国山内荘も没収された。実は処刑されることも決まっていたが、経俊の母であり、頼朝の乳母でもある山内尼が頼朝へ助命を嘆願。何とか許しを得て、経俊は処刑を免れた。

その後、経俊は伊勢国と伊賀国の守護に任命された。頼朝の中で、乳兄弟の経俊をむげにはできないという気持ちが働いたと思われる。経俊が頼朝に黙って朝廷の官職に就いた時も、咎《とが》めはなかった。

父・俊通の菩提として経俊が建立した明月庵が前身の明月院（神奈川県鎌倉市）/PIXTA

EPISODE

助命嘆願する山内尼に矢の刺さった鎧を見せる

山内尼が息子・経俊の助命を頼朝に嘆願した際、頼朝は矢の刺さった鎧を見せている。その矢には経俊の名前が記されていた。何も言えない山内尼は、泣きながら退出した。乳母の涙に感化されたのか、頼朝は経俊を許すことに。以後、経俊は何度も窮地に陥るが、その都度頼朝に許されている。

坂東武士

石橋山で自ら命を絶った伊豆国の武人

工藤茂光

くどう・もちみつ（しげみつ）

生年不詳～治承4（1180）年

平安時代から室町時代まで狩野氏の本拠地だった狩野城跡（静岡県伊豆市）/伊豆市提供

藤原南家の流れをくむ、貴族出身の武士。伊豆国狩野荘を所領とし、別名では狩野姓を名乗っていた。

保元元（1156）年の保元の乱で、伊豆大島に配流された源為朝の監視役を務めている。嘉応2（1170）年、為朝は罪人でありながら島民を支配して武装蜂起しようとする動きを見せたことから、茂光は朝廷に働きかけ、後白河法皇の為朝討伐の院宣を受けた後に、追討。最後は為朝を自害に追い込んでいる。茂光は、為朝の支配に苦しめられていた島民たちを救い、伊豆大島を平定することに成功した。

治承4（1180）年、平氏追討のため源頼朝が挙兵すると、すぐにその元へと駆けつけている。

石橋山の戦いに参加した茂光は、大庭景親や伊東祐親ら平氏方の武士らと交戦。しかしわずか300騎では、平氏方の3000騎の大軍には勝てず、頼朝軍は敗北を余儀なくされた。茂光は敗走途中に負傷して山中で歩行困難となってしまったため、自ら命を絶っている。孫の田代信綱が介錯したと伝わる。

EPISODE

自害した理由は肥満体のため？

石橋山の山中で歩行困難となり自害を選んだとされている茂光だが、肥満が原因で逃げ切れなかったとの説もある。体が重すぎて、思うように走ることができなかったため、足手まといになり、周囲に迷惑をかけることになると考え、孫である田代信綱に介錯を頼んだとも言われている。

坂東武士

伊東祐親

生涯、平氏に仕え続けた伊豆の大豪族

いとう・すけちか

生年不詳〜養和2(1182)年

伊豆国伊東に本拠を構えた平氏方の大豪族。伊豆国で随一の勢力を誇り、「伊豆に伊東あり」と周辺の豪族から一目置かれる存在だった。平清盛から厚い信頼を受け、生涯平家に忠誠を尽くしている。

平治元(1159)年の平治の乱で流罪となった源頼朝の最初の監視役となったのは、実は北条時政ではなく祐親だ。この事実こそが、清盛の信頼が厚かった証しだと言える。ところが、大番役として3年間京都の警備へ行っているうちに、思いもよらぬ事態が起きてしまう。三女の八重が頼朝とただならぬ仲になってしまったのだ。しかも千鶴丸という子までもうけていた。

この事実を知った祐親は激怒。宿敵である源氏の血を引いた罪人が娘婿になるなどもってのほかの話だ。それこそ、平家の耳にでも入ったら、ただでは済まないだろう。祐親は千鶴丸の殺害を下人に命じた。

怒りの収まらない祐親は続いて頼朝の殺害も計画する。しかしこの企みは未遂に終わった。頼朝の乳母・比企尼の三女を妻にめとっていた祐親の二男・祐清が、殺害計画があることを頼朝に明かしたためだ。身の危険を悟った頼朝は、夜にもかかわらず馬に乗って祐親の屋敷から逃亡。時政の屋敷へと駆け込んだ。それ以来、頼朝の監視役は伊東家から北条家へと移行している。

治承4(1180)年、平氏追討を指示する以仁王の令旨が出されると、頼朝は全国に散り散りになっていた源氏の誰よりも早く挙兵。源平の激しい戦いが始まることになった。祐親は大庭景親らと協力して石橋山の戦いで勝利したものの、続く富士川の戦いでは再度挙兵した頼朝軍に敗北。祐親は息子・祐清らとともに捕らわれの身になった。その後、自ら命を絶っている。

祐親の館跡と伝えられる物見塚公園(静岡県伊東市)に立つ銅像

TOPICS

功績を偲ぶ伊東祐親まつり

祐親の出身地である静岡県伊東市では、伊東の治水や文化発展に尽くした祐親の功績を偲ぶ「伊東祐親まつり」を毎年5月に開催している。メインイベントは、市内の中心部を流れる松川の上に設置された特設の舞台で行われる伝統芸能の数々。かがり火がたかれ、幻想的な雰囲気の中で披露される薪能や狂言は一見の価値がある。

屋敷跡に整備された物見塚公園

伊東市役所に隣接する物見塚公園は、見晴らしのよい小高い丘の上にある風光明媚な公園。伊東の市街地や初島などを望むことができる。祐親の屋敷の跡地として伝えられる地に整備されており、櫓を組んで敵の見張りをしたと伝わる物見の松や、馬に乗った勇ましい姿の祐親像などがある。祐親を偲びながら散策してみてはいかがだろう。

EPISODE

自分の美学を貫き、最期は自ら命を断った

富士川の戦いで敗れた後、捕らわれの身となった祐親は息子・祐清とともに三浦義澄の元に預けられた。祐親の娘を正室としていた義澄は、祐親から見ると義理の息子ということになる。

養和2(1182)年、北条政子が夫・頼朝との第二子を懐妊したことが判明。祐清は、この機会をとらえ、命を助けてもらえないかと義澄に申し出たという。義澄から相談を受けた頼朝は、祐親と祐清に恩赦を与えることを決めた。この決定により、祐親・祐清親子の命は救われることになった。

普通であれば喜ぶところだが、祐親はこの措置を潔しとはしなかった。頼朝と八重の間にできた千鶴丸を殺すように指示したことを、恥じていたからだという。結局、祐親は自らその生涯の幕を閉じている。祐親は最期の瞬間まで自分の美学を貫いた。

坂東武士

河津祐泰

父の所領争いに巻き込まれ、若くして命を落とす

かわづ・すけやす

生年不詳～安元2(1176)年

祐泰らの霊が祀られた河津八幡神社(静岡県河津町)にある祐泰の像/PIXTA

伊豆国の大豪族である伊東祐親の嫡男。祐親から同国河津荘を相続したため河津姓を名乗った。父・祐親と、祐親が後見役となっていた工藤祐経の間で起きた伊豆国伊東荘の所領争いに巻き込まれ、命を落としている。

祐泰が河津荘を相続した頃と同時期、祐経も伊東荘を相続した。祐経はその後、京都へ任官したが、その時に祐親が伊東荘を押領してしまう。祐経は伊東荘が自分の所領であることを主張し、京都で訴訟を何度も起こしたが、祐親の妨害によりいずれも脚下される。

この事態に怒りの収まらない祐経は、祐親殺害を決意。その機会を窺っていたという。安元2(1176)年、祐親が祐泰とともに伊豆の狩場へ出掛けた際、祐経は郎党に命じて祐親の命を狙った。

祐経の追っ手の放った矢は祐親には当たらず、一緒にいた祐泰に命中。妻とまだ幼い二人の息子(曾我祐成・時致)を残し、図らずも短い生涯の幕を閉じることになった。

EPISODE

日本一の相撲取りを破った祐泰の「河津掛け」

祐泰は怪力の持ち主として知られていた。その力を発揮したのが、安元2年に行われた伊豆の巻狩。余興として相撲大会が行われ、祐泰は日本一の名声を得ていた俣野景久に土をつけている。その時に祐泰の仕掛けた技が、相撲の決まり手の一つ「河津掛け」だと言われている。

坂東武士

頼朝の命を救った妹思いの武将

伊東祐清

いとう・すけきよ

生没年不詳

「前賢故実」国立国会図書館蔵

伊東祐親の二男。比企尼の三女と結婚したことから、罪人として伊豆国に配流された源頼朝と親交があったという。

頼朝と妹・八重との間に子どもができたことに激怒した父・祐親が頼朝殺害の計画を立てていたことを知り、いちはやく頼朝を伊東の館から脱出させている。頼朝は北条時政の屋敷へ向かい、匿まわれることになるが、頼朝に時政の屋敷を勧めたのも祐清だった。

祐清にとって時政は、元服の際に世話になっている烏帽子親《えぼしおや》。実際に血のつながりはないものの、親の代わりとも言える信頼に足る存在であった。

治承4（1180）年、頼朝が平氏追討のために挙兵した。一方、平氏方の祐親・祐清親子も頼朝軍を討つために決起したが、頼朝軍によって捕えられてしまう。

頼朝は祐親と祐清に恩赦を与えようとしたが、祐親はこれを拒否して自害。祐清も「父が敵となった以上、子である自分が恩赦を受けるわけにいかない」と頼朝の申し出を拒んだ。

EPISODE

仮の親として元服に立ち会う烏帽子親

烏帽子親とは、男子が成人になり元服の儀式を行う際、親の代わりになる人物のこと。元服する男子の頭に烏帽子をかぶせるのが役割だ。一門の棟梁や地域の有力者に依頼するケースが多かったという。烏帽子親とその子は、血縁関係がなくても、それに準ずる絆があった。

坂東武士

悲劇に見舞われた頼朝最初の妻

八重《やえ》

生没年不詳

永暦元（1160）年、14歳で伊豆国へと配流された頼朝は、平氏方の大豪族・伊東祐親の監視下で過ごすことに。『曽我物語』によれば、その後いつしか祐親の三女・八重と通じるようになり、八重もまた、頼朝を愛していたという。

父・祐親が京都の警備のため、3年間伊豆国を離れると、二人の仲はさらに深まっていく。ついに八重は頼朝の子を懐妊した。

伊豆国へ戻った祐親は、頼朝と八重の間に子どもができたことを知り、烈火のごとく怒った。祐親は「源氏の罪人を婿にするくらいなら、娘を乞食にやったほうがましだ」などと二人を罵倒。この事実を平家に知られることを恐れた祐親は、まだ3歳の子（千鶴丸）を殺害した。

祐親は頼朝も殺害するように命令を出したが、頼朝は北条時政の屋敷へと逃げ延びている。

祐親は、八重を伊豆国江間の領主をしていた江間次郎と結婚させている。

それでも頼朝への未練が断ち切れなかった八重だが、頼朝が北条政子と結婚したことを知り、絶望のあまり入水自殺をしたと言われている。

八重姫を祀る眞珠院八重姫御堂（静岡県伊豆の国市）/眞珠院提供

EPISODE

頼朝と八重は人目を忍び森で逢瀬を

立場の違う頼朝と八重。二人の恋が許されるはずはない。人目についてはいけないと、二人は隠れるように逢瀬を重ねていたという。頼朝は伊豆国伊東を流れる松川の西岸にある「ひぐらしの森」で八重と落ち合い、その対岸にある「おとなしの森」で二人の時間を過ごしていたと伝えられている。

坂東武士

八重の再婚相手と考えられる謎の人物

江間次郎

えまの・じろう

生没年不詳

源頼朝の最初の妻である八重が、父の伊東祐親に命じられ再婚した相手と言われている。

挙兵した頼朝に対して、江間次郎は祐親の味方について戦ったが討たれ死んだ、と記された文献もある。

頼朝が平氏方の祐親と最初に戦ったのは、治承4（1180）年の石橋山の戦い。この戦いで頼朝は大敗を喫し、何とか安房国へと逃れている。再び挙兵した頼朝は、富士川の戦いなどで祐親軍らと対峙している。この戦いでは武田信義軍の活躍により、平氏方の豪族を敗走させることに成功。祐親は戦の後に捕らえられ、自害している。次郎も祐親に従い、戦いに参加した末に命を落としたと思われる。

次郎の死により江間氏は断絶。頼朝は江間の地を接収し、その土地を北条義時に与えたという。義時が一時期、江間四郎あるいは江間小四郎を名乗っていたのは、江間の地を所領したからである。

江間次郎と八重の発願で創建された西成寺が前身の最誓寺（静岡県伊東市）

EPISODE

次郎の死で取り残された八重と幼子の運命は

江戸時代中期に編さんされた『豆州志稿』によると、頼朝は八重が嫁いだ次郎を殺害し、次郎と八重との間に生まれた幼子を、義時に育てさせたという記述がある。その後も義時は、その幼子の成長を見守り、烏帽子親となり、元服させ「江間小次郎」と名乗らせたという。

坂東武士

工藤祐経

敵を討ち、敵を討たれた鼓の名手

くどう・すけつね

生年不詳〜建久4(1193)年

歌舞伎・浄瑠璃「今様若三人」の祐経より/東京都立中央図書館特別文庫室蔵

父を幼い頃に亡くした祐経は、叔父の伊東祐親に育てられた。元服を済ませると、祐親の娘と結婚。祐経の人生は、まさに祐親に支えられていた。

その後、京都での任務を終え、伊豆国へと戻ると、祐経の所領が祐親に奪われてしまっていた。当然、祐経は抗議するが、祐親は祐経の妻を連れ戻し、相模国早川の領主・土肥遠平へ嫁がせてしまった。

所領地と妻を同時に失った祐経は、祐親に恨みを抱き、復讐する機会を虎視眈々と窺っていた。

安元2(1176)年のとある日。祐経は、狩場から帰る途中の祐親と長男・河津祐泰を急襲。祐親殺害は果たせなかったが、祐泰を討ち取る。

今度は父・祐泰を亡くした曽我祐成・曽我時致兄弟が、祐経殺害を企てた。建久4年、富士の裾野の巻狩に祐経も参加。宿舎で休んでいると、祐成と時致が押し入り、祐経を討ち取った。巻狩で敵討ちを果たした祐経が、同じ巻狩で敵を討たれるという皮肉な結果となった。

EPISODE

文化的素養の高さに頼朝も一目置く

敵討ちの話ばかりがクローズアップされている祐経だが、実は歌や舞といった芸事に長け、周囲からも一目置かれる存在だった。特に鼓は相当の腕前で、名手と言われるほどのものだった。中でも祐経のことを気に入っていたのが源頼朝だ。文化的素養の高い祐経を寵臣の一人として重用した。

坂東武士

比企尼

頼朝を20年にわたり支え続けた育ての母

ひきのあま

生没年不詳

複数人いたと言われる源頼朝の乳母の一人だ。夫・比企掃部允《かもんのじょう》が源義朝の家臣だったため、妻である比企尼に乳母役が回ってきたと考えられる。

掃部允はその名の通り、京で宮中の清掃などを行う掃部寮の任務に就いていたが、頼朝の伊豆国配流に伴い武蔵国比企郡の郡司職を任じられる。彼は妻・比企尼とともに、京都から領地である比企郡へと移り住むことになったのだ。これを機会に比企尼による頼朝への支援が始まる。

比企尼が直接、頼朝に会って励ますことはできない。自宅から米や衣服など生活に必要な物資を毎月送っていたと思われる。その支援は頼朝が挙兵するまで約20年間続いていた。頼朝の乳母の中で仕送りを続けたのは比企尼だけだという。

比企尼は長女の婿・安達盛長に、頼朝の身の回りの世話をさせている。また、二女の婿・河越重頼、三女の婿・伊東祐清にも頼朝への奉仕を命じていたようだ。頼朝の挙兵後、比企尼の甥で養子の比企能員が、いち早く駆けつけたのも、比企尼の指示によるものだと考えられる。

妙本寺(神奈川県鎌倉市)にある比企一族供養塔/PIXTA

EPISODE

3人の娘の婚姻を活用し、強固なネットワークを構築

比企尼の長女・丹後内侍は安達盛長と結婚。その娘は後に源範頼に嫁いだ。二女・河越尼の娘・郷御前は源義経と結婚している。三女は伊東祐清と結婚したが死別。後に平賀義信と再婚した。その子・平賀朝雅は、北条時政の娘を正室に。娘たちの婚姻が、比企氏一門の勢力伸長の一因と言える。

坂東武士

父の敵討ちに成功した若き悲運の武士

曾我祐成《そが・すけなり》

承安2（1172）～建久4（1193）年

伊豆国伊東荘の所領を巡る伊東祐親と工藤祐経の争いに巻き込まれ、命を落としてしまった河津祐泰の長男。

父・祐泰の死後しばらくして、母は相模国曾我荘の曾我祐信と再婚。伊豆国の大豪族の嫡流から相模国の中小武士の継子となり、厳しい環境下での暮らしを余儀なくされた。成長すると、祐信を烏帽子親に元服。祐成と名乗り、曾我家を継いだ。弟・時致とともに亡き父への思いは強く、祐経に対して、いつか敵討ちをするとの固い意志を抱いていた。

『吾妻鏡』によれば、祐成と時致が祐経への敵討ちを実行に移したのは、建久4年に源頼朝が主催した富士の巻狩。祐成と時致は宴会中の祐経を襲い、敵討ちに成功。祐成は護衛の武士と戦い、最後は仁田忠常に討ち取られている。

坂東武士

兄・祐成と共に父の敵討ちに成功

曾我時致《そが・ときむね》

承安4（1174）～建久4（1193）年

曾我祐成の2歳下の弟。父・河津祐泰の死後、母と兄・祐成とともに再婚相手の相模国曾我荘の領主・曾我祐信の元で成長した。建久元（1190）年に北条時政を烏帽子親として元服。時政より一字もらい時致と名乗った。

建久4年、富士の巻狩に参加した時致は、祐成とともに父・祐泰の敵である工藤祐経を討ち取った。その際、兄・祐成は駆けつけた祐経の家臣・仁田忠常に斬られて絶命。無事だった時致は続けて源頼朝に狙いを絞り、彼の宿所へと押し入ったが、御所五郎丸に取り押さえられている。

敵討ちを果たした翌日、時致は頼朝より尋問を受けた。有力御家人も数多く同席していたという。尋問を終えた頼朝は罪を軽くしてはどうかと提案したが、祐経の子・犬房丸が泣いて訴えたため翻意。時致は処刑された。

坂東武士

頼朝・頼家から信頼の厚かった忠臣

仁田忠常

にった・ただつね

仁安2（1167）年～建仁3（1203）年

「新形三十六怪撰」「仁田忠常洞中に奇異を見る図」
東京都立中央図書館特別文庫室蔵

13歳で源頼朝の挙兵に加わって以来、各地の戦いに参戦。数々の戦功を挙げている。元暦2（1185）年、源範頼の率いる軍に加わり西国へ遠征し、平家滅亡に尽力。その功績で頼朝から感状を受けている。

文治3（1187）年に大病を患う。危篤状態に陥り、死の淵をさまようほど重篤なものだった。忠常の身を案じた頼朝は、自ら見舞いに出掛けたという。これは頼朝が忠常のことを信頼していた証しとも言える。

建仁3年、二代将軍・源頼家が危篤状態に陥ると、比企能員と北条時政が対立。自分を暗殺しようとする能員の画策を知った時政は、逆に能員追討を忠常らに命じた。忠常ら一党は能員を斬り殺している。

病から回復し、息子・一幡や、比企一族が滅亡したことを知った頼家は激怒。忠常と和田義盛に時政追討を命令した。しかし、義盛が時政側についたため未遂に終わる。忠常は謀反の疑いで、殺害された。幕府と北条家の対立に巻き込まれた結果の非業の死であった。

EPISODE

頼朝の身を守った猪退治の伝説

建久4(1193)年、頼朝は富士の裾野で大規模な巻狩を開催。頼朝の力を誇示するため、大勢の御家人を呼んで行われた。各自が狩りを楽しんでいる最中、一匹の大きな猪が頼朝に襲いかかった。近くにいた忠常が、大猪にとっさに飛びかかり刀を突き刺して退治したという伝説が残っている。

坂東武士

プライドの高さが仇になった関東の実力者

上総広常

かずさ・ひろつね

生年不詳～寿永2（1184）年

上総と下総の2国を所領するなど、強大な勢力を持った有力豪族。当時の軍事力は関東一と言っても過言ではなかった。

上総家はもともと桓武平氏の流れをくんでいるが、父・常澄の代から源義朝に仕えるようになっていた。そのため息子である広常も、保元元（1156）年に起きた保元の乱では源義朝に、3年後の平治元（1159）年に起きた平治の乱では義朝の庶子・源義平に付き従って戦っている。

とくに活躍が目覚ましかったのが、平治の乱での戦いぶりだ。わずか17騎で500騎もいる平重盛軍の中に飛び込み、蹴散らしてしまったとの武勇伝が残る「義平十七騎」のうちの一人だったという。結局、義朝軍は負けてしまったため宗旨替えをし、この敗戦以降は平氏に従うことになった。

治承3（1179）年、それまで築いてきた平氏との良好な関係を損ねる事態に陥る。平清盛が平氏の有力家人・伊藤忠清を上総介に任命したのだ。面白くない広常は忠清と対立。広常の態度に激怒した清盛は、広常を勘当した。

同4（1180）年、平氏追討のため頼朝が挙兵。石橋山の戦いで敗れたが、敗走先の安房国で再起を図っているところに広常は2万騎の大軍を引き連れて合流した。富士川の戦いで平氏軍を破った頼朝は京都へ急ごうとしたが、背後を取られかねないと考えた広常は常陸国の佐竹氏討伐を提案。当主の佐竹義政を殺害した。

「東国を支配できたのは広常を味方につけたから」と頼朝に言わしめるほどの活躍を見せた広常だったが、朝廷を軽視する発言をしたり、横柄な態度を取ったりしたことで次第に頼朝の反感を買うことに。寿永2年、謀反の嫌疑をかけられた広常は、頼朝の命を受けた梶原景時に喉をかき切られて絶命した。

TOPICS

太刀に付いた血を洗い流した湧き水

神奈川県鎌倉市にある梶原太刀洗水は、岩肌から湧き水が流れ出ていて「鎌倉五名水」の一つに数えられている。この湧き水には、梶原景時が広常を殺害した時の伝説が残っている。広常の屋敷へ行った景時は、双六に興じている最中に広常を暗殺しているが、その時に使用した太刀についた広常の血を、この湧き水で洗い流したという。

佐竹氏の討伐で戦功を挙げる

富士川の戦いで勝利した後、頼朝軍は常陸国佐竹氏を討伐した。ここで戦功を挙げたのが広常だ。姻戚関係にあった佐竹家当主・義政を個人的に呼び出し殺害すると、義政の弟・秀義らが立てこもる金砂城を攻め落とした。断崖絶壁にあり難攻不落と言われた金砂城だが、秀義の叔父・義季を味方に加えるという広常の調略が勝利につながった。

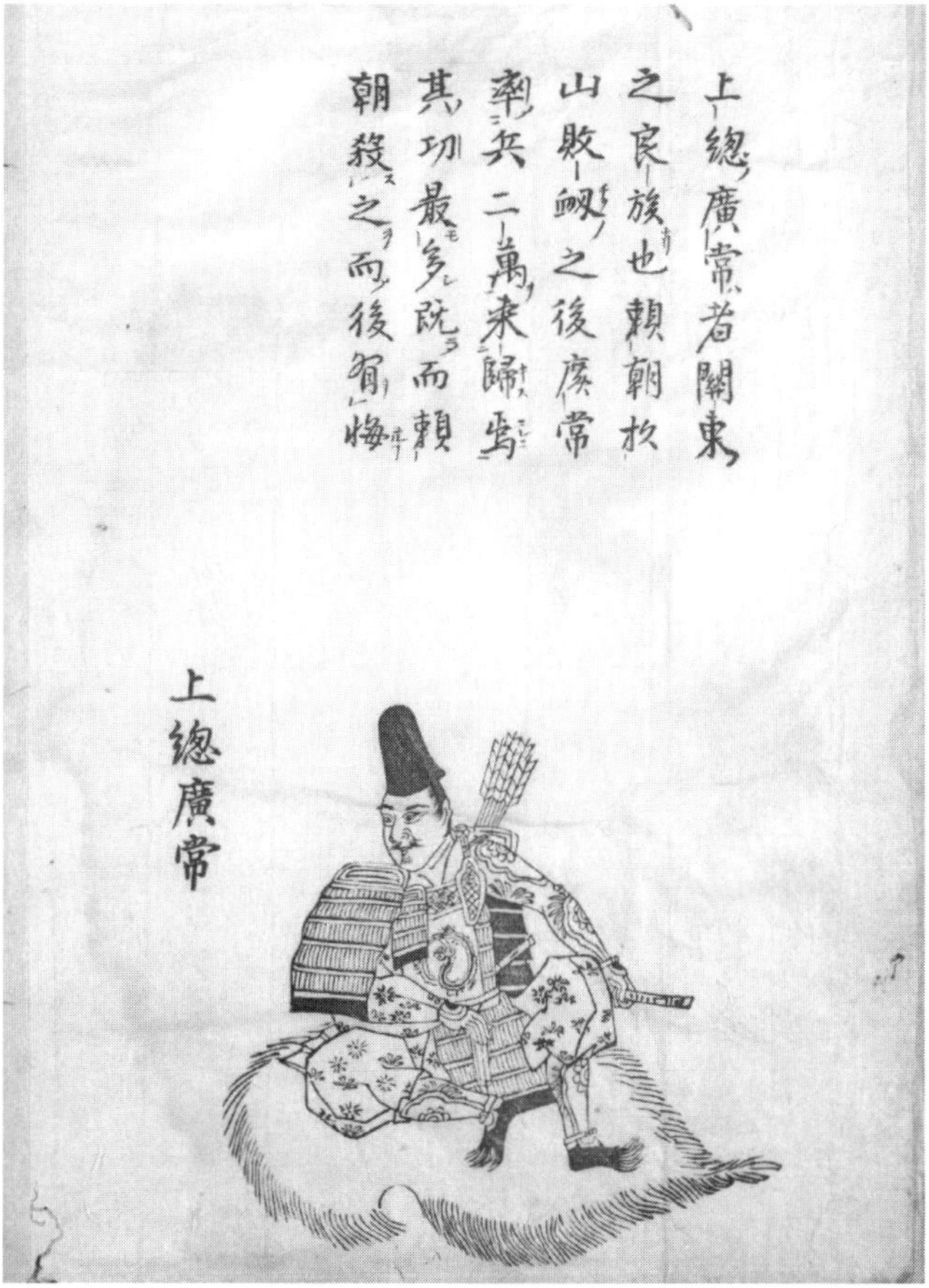

「本朝百将伝」国立国会図書館蔵

EPISODE

わざと遅刻をして頼朝の器の大きさを確認

安房国で再起を図る頼朝と合流する際、広常は場合によっては頼朝を討つ準備もしていたという。わざと時間に遅れて、主君にふさわしい器の持ち主かどうかを試しもした。広常は「並の武将であれば、2万もの兵を喜び、遅刻したことをとがめることはないはず」と考え、頼朝の出方を窺った。そんな広常の思惑を知ってか知らずか、頼朝は毅然とした態度で遅刻した広常を叱りつけたという。頼朝の威厳のある姿に感服した広常は、頼朝への服従を誓った。

強大な兵力を持つ広常は自他ともに認める実力者。それだけにプライドが高かった。馬に乗ったまま挨拶をするなど、頼朝に対してさえ横柄な態度を取っていたと言われている。こうした日頃の態度に頼朝は不満を募らせていたのかもしれない。

坂東武士

頼朝に父のように慕われた宿老

千葉常胤

ちば・つねたね

元永元（１１１８）年～建仁元（１２０１）年

「千葉六党」と呼ばれる６人の息子たちとともに源頼朝を支え、鎌倉幕府成立に貢献した。一族を地方の豪族から幕府の御家人にまで引き上げ、「千葉氏中興の祖」とも呼ばれている。

千葉氏は、桓武平氏の血を引く関東の豪族。大治元（１１２６）年、常胤の父・千葉常重が下総国千葉郡と同相馬郡を所領として千葉氏を開祖。常胤は保延元（１１３５）年に家督を継ぐと、常重の代で失った相馬郡を取り戻すことに成功した。

保元元（１１５６）年の保元の乱では源義朝に従い参戦。平治元（１１５９）年の平治の乱で源氏が敗戦したことを機に再び相馬郡の支配権を失っている。

治承４（１１８０）年、頼朝は平氏追討のため挙兵。しかし、石橋山の戦いで平氏軍に敗れ、船で安房国へと逃げ込んだ。そこで頼朝は、常胤に平氏追討への加勢を依頼。常胤はその求めに応じることを決めた。手始めに常胤は、六男・東胤頼らに下総国目代の襲撃を指示。これに成功すると、続いて平氏に与する下総守・藤原親政を捕らえ、下総国一帯の支配を確立した。

『吾妻鏡』によれば、その後、常胤は頼朝と下総国府で合流。頼朝らと行動をともにすることになった。富士川の戦いでは、大規模な戦闘もなく平氏軍が撤退。頼朝は平維盛を追って上洛しようとしたが、常胤はまずは関東を平定することが先決と進言。常陸国の佐竹氏討伐を優先させた。

元暦元（１１８４）年には源範頼に従って一ノ谷の戦いに参戦。九州へ足を延ばし、平氏追討に力を尽くした。その後も、治安維持のため京都の警護に当たったり、東海道軍大将軍として奥州合戦に参戦したりなど、精力的に各地の戦に参戦し軍功を挙げた。その功績が認められ、東北や九州など各地に所領を獲得。千葉氏は全国に勢力を広げることになった。

TOPICS

千葉六党に相続 常胤の所領

常胤の所領は、「千葉六党」と呼ばれる6人の息子に相続された。長男・胤正は本家の家督を継いだ。二男・相馬師常は下総国相馬郡などを相続し、三男・武石胤盛は千葉郡武石郷などを相続。四男・大須賀胤信は下総国大須賀保などを相続し、五男・国分胤通は下総国葛飾郡などを相続。六男・東胤頼は香取郡東庄などを相続し、東氏を名乗った。

頼朝の正月は 常胤の屋敷で椀飯

椀飯（おうばん）とは御家人が主君の頼朝を招いて食事を献上する儀式のこと。「大盤振る舞い」の語源だと言われている。頼朝は毎年、正月から数日間は連日のように各御家人の屋敷へ通って過ごしていた。頼朝が元日に必ず訪問したのが常胤の屋敷。父親のように慕い、信頼も厚かったため、元日は常胤の屋敷へ行くと決めていたようだ。

「前賢故実」国立国会図書館蔵

EPISODE

頼朝に慕われ 常に第一線で活躍

建仁元年に84歳で大往生するまで、常胤は老いてもなお、第一線で活躍した。

常胤が下総国府で頼朝と初めて会った時の年齢はなんと63歳。当時、頼朝は30歳。親子ほどの年の差があった。

範頼とともに常胤が西国や九州へ遠征したのは67歳の頃。相当な距離を移動した上、戦にも参加している。肉体的にも精神的にも頑強であったことは想像に難くない。常胤は70歳を超えてもなお壮健だったようで、京都の警護や奥州合戦などの任もこなしている。

年齢を感じさせない働きと、年相応の振る舞いで、周囲からの人望も相当に厚かったようだ。頼朝は常胤のことを実の父のように慕っていたと言われている。

坂東武士

知勇兼備で、自他ともに認める「坂東武士の鑑」

畠山重忠

はたけやま・しげただ

長寛２（１１６４）年～元久２（１２０５）年

知性と勇気を兼ね備えた武将。戦場では常に先陣を切り、数々の武功を打ち立て「坂東武士の鑑《かがみ》」と周囲から称賛された。清廉潔白な人柄でも知られている。

父・畠山重能は平治の乱で源義朝が敗れると、その後は20年にわたり忠実な家臣として平氏に仕えていた。治承４（１１８０）年、平氏追討のため源頼朝が挙兵。この知らせを受けて、畠山家は頼朝討伐のための兵を挙げることになる。しかし、棟梁・重能は京都の警護に出ていたため、長男・重忠が兵を率いることになった。この時、17歳の若さだった。

三浦義澄軍との衣笠城での戦いに勝利した重忠軍は武蔵国へ戻り、安房国で再決起した頼朝軍を迎え撃つことになる。上総国や下総国の有力武士を味方に付けた頼朝軍は想像を上回る軍勢となっていた。その数なんと2万騎以上。勝ち目のないことを悟った重忠は源氏の支配下に。重忠は頼朝軍の先陣を切り鎌倉へ入っている。

その後、木曽義仲討伐、平氏追討、奥州合戦など、各地の戦にも遠征。数々の武功を挙げるとともに、多くの武勇伝も残した。

頼朝が死ぬ間際に呼び寄せ幕府の後事を重忠に託したという。重忠は頼朝亡き後も有力御家人の一人であった。建仁３（１２０３）年の比企能員の変では、北条時政につき比企一族の掃討にひと役買っている。

が、翌年の元久元（１２０４）年、今度は重忠が時政から命を狙われることに。京都の平賀朝雅の屋敷で行われた宴会で、朝雅と重忠の息子・畠山重保が口論に。その場で収まるような話だったが、朝雅の義母・牧の方と時政が重忠に謀反の疑いをかけた。

重忠は、時政の命令を受けた北条義時と二俣川で交戦。武勇のある重忠らしくわずかな兵で抵抗したが、最後は力尽きて誅殺された。

TOPICS

二心がない真面目な性格

武勇伝はもちろん、真面目な性格を体現する逸話も数多くある。梶原景時に謀反の疑いで取り調べを受けた時、起請文を書くように指示された。しかし、重忠は「自分には二心がなく、言葉と心が違わないから出す必要はない」と毅然と言い放った。その話を伝え聞いた頼朝は、重忠への信頼をさらに深め、褒美を与えたと、『吾妻鏡』にある。

重忠の屋敷跡で歴史に触れよう

埼玉県深谷市にある畠山重忠公史跡公園は、重忠の屋敷跡を整備した歴史公園。園内には重忠とその家臣の墓だと言われる五輪塔や「鵯越（ひよどりごえ）の逆落とし」の様子を再現した馬を担いだ銅像、重忠の産湯を汲んだ井戸など、重忠に関する史跡が数多く残されている。毎年4月には、重忠の功績を偲ぶ「重忠まつり」が盛大に開催される。

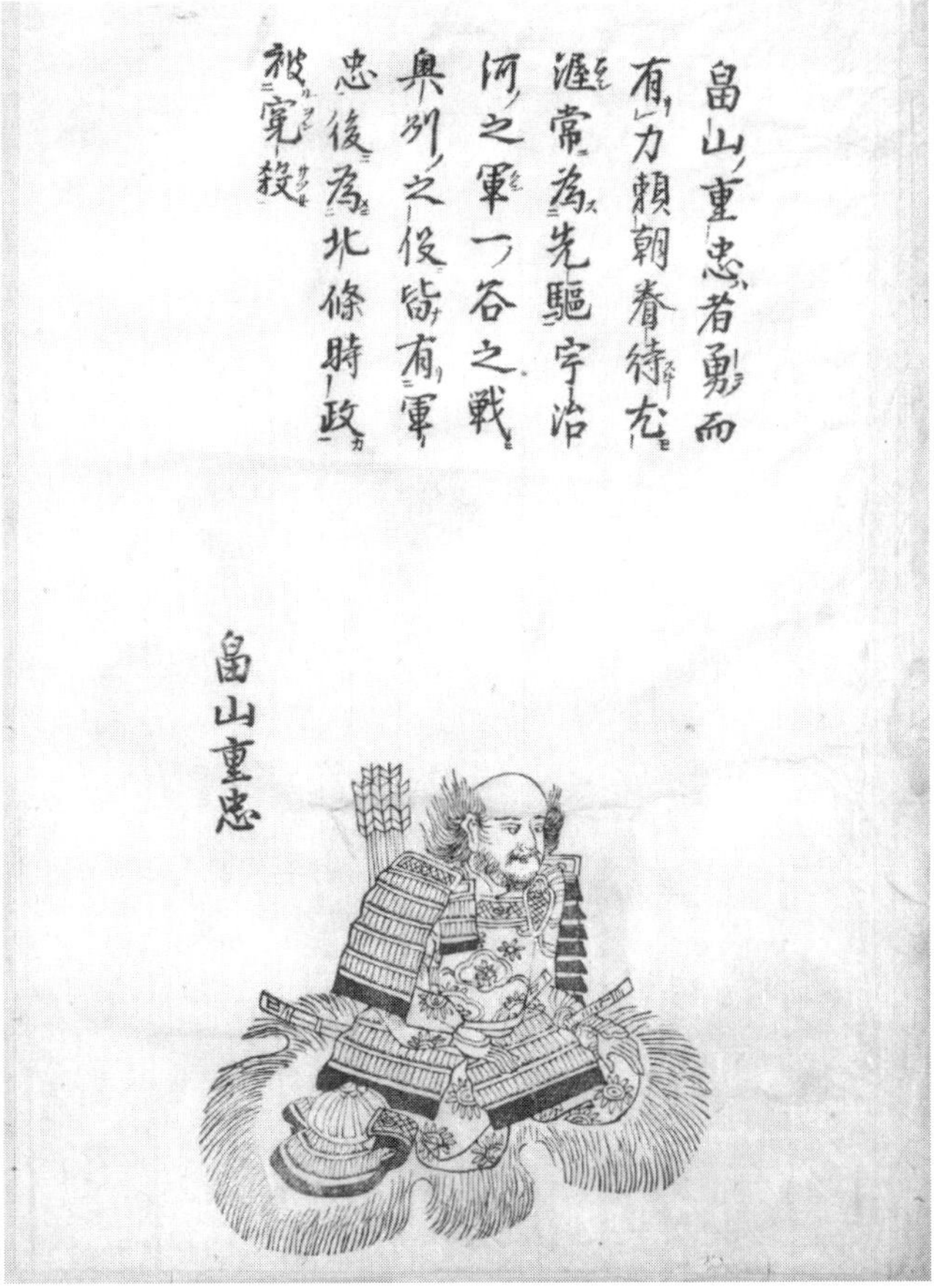

「本朝百将伝」国立国会図書館蔵

EPISODE

「鵯越の逆落とし」など数々の武勇伝を残す

「坂東武士の鑑」と言われる重忠は、戦の中で数々の武勇伝を残している。それも、にわかには信じ難い、超人的な働きばかり。

寿永3（1184）年、頼朝軍と木曽義仲軍が激突した宇治川の戦いで、その怪力ぶりを発揮。『平家物語』によれば、川を渡る時、馬筏を組んで歩いて渡っていたが、馬が流されてしまう。同様に馬を流された大串重親を捕まえると、一気に反対の岸まで放り投げたという。重親は思わぬ形で敵陣に一番乗りを果たすことになったという伝がある。

そして、最も有名なのは「鵯越の逆落とし」。同年に勃発した源平合戦の一つ、一ノ谷の戦いでのこと。『源平盛衰記』によれば、愛馬にけがをさせてはならないという思いから、急な斜面を駆け下りる時、馬を背負って下りたという。真偽は別にして、このような逸話が生まれるほどの怪力の持ち主だったようだ。

坂東武士

源氏四代にわたって仕えた知的な武将

足立遠元

あだち・とおもと

生没年不詳

伝足立右馬允遠元館跡碑（埼玉県桶川市）/桶川市歴史民俗資料館提供

二代将軍・源頼家を支えた13人の宿老の一人。文筆にも長け、文武両道を地で行った武将である。

平治元（1159）年に起きた平治の乱では源義朝に従った。源義平の部隊につき、わずか17騎で500騎の敵に挑んだ「義平十七騎」のうちの一人として戦っている。

治承4（1180）年。遠元は、安房国で再起を果たし、武蔵国へ進軍してきた頼朝軍を出迎えている。頼朝は、遠元の武蔵国足立郡の本領を安堵した。

元暦元（1184）年、頼朝は文書の作成・保管や、政務・財務の処理を行う公文所を設置。遠元も5人の寄人（職員）の一人に選ばれた。読み書きが得意で、文化的素養の高い遠元にとっては、うってつけのポストだった。

頼家、三代将軍・源実朝と、頼朝の死去後も鎌倉幕府の有力な御家人の一人として重用された。義朝の時代にまでさかのぼると少なくとも50年以上、足掛け四代にわたって源氏に仕えていることになる。

EPISODE

公文所の寄人に武士で唯一選ばれる

公文所の開設当時は別当（長官）の大江広元をはじめ、遠元、中原親能、二階堂行政、藤原邦通の5人が寄人に任命されている。特筆すべきは、遠元以外は京の公家出身者ということ。幼少期から教育を施されてきた文化的レベルの高いメンバーと遜色のない仕事を遠元は期待されていた。

坂東武士

八田知家

はった・ともいえ

策略を巡らせて常陸国の守護に就く

康治元（1142）年～建保6（1218）年

「前賢故実」国立国会図書館蔵

保元元（1156）年に起きた保元の乱で、知家は源義朝のいる後白河天皇側につき武功を挙げている。治承4（1180）年、源頼朝が挙兵すると早くに参戦し、下野国茂木郡の地頭に任じられた。

寿永2（1183）年の野木宮合戦では、頼朝に反旗を翻した志田義広を敗走させた。平氏追討軍の西国遠征にも従軍。平氏滅亡にひと役買っている。しかし、西国へ下る途中で京都に立ち寄り、無断で任官したのが頼朝に伝わり、罵倒されている。

文治5（1189）年の奥州合戦では千葉常胤とともに東海道大将軍に任命された。若い頃から数々の戦に参戦。戦場での豊富な経験が買われ、頼朝に重用されていたようだ。建久4（1193）年には常陸国に勢力を持つ多気義幹を罠にはめ、領地を奪い取ることに成功。策略家の一面も覗かせている。

二代将軍・源頼家を支える13人の宿老のうちの一人に加わるなど、晩年まで幕府内での存在感を示した。

EPISODE

多気義幹の領地を奪うため知家が巡らせた策略

知家は義幹を陥れるため、「知家が多気義幹への攻撃を企てている」との噂を流した。その上で知家は富士の巻狩に義幹を誘う。命の危険を感じた義幹は知家の誘いに乗らなかった。すると知家は頼朝に「義幹は謀反を起こす気だ」と報告。これが頼朝の逆鱗に触れ、領地が没収されることになった。

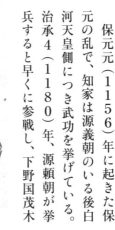

坂東武士

頼朝挙兵を助けた佐々木4兄弟の長男

佐々木定綱《ささき・さだつな》

康治元（1142）年～元久2（1205）年

近江国佐々木荘を本領とする宇多源氏の武士・佐々木秀義の嫡男。源頼朝の挙兵を助けた佐々木4兄弟の長男である。

平治の乱の後、本領を離れ下野国に寄宿中、大庭景親が頼朝追討を計画していることを知り、危急を知らせるため頼朝の元へ駆けつけた。頼朝にとって最初の戦いとなる山木館攻めでは、弟の経高・高綱らとともに堤信遠を討つなど活躍。以来、打倒平氏を掲げた頼朝と行動を共にし、富士川の戦いの後には論功行賞で旧領の佐々木荘を安堵されている。

建久2（1191）年、年貢を巡って延暦寺の僧徒と争いになった件で薩摩国へ配流された。その後復帰が許され、近江国のほか、長門・石見・隠岐国の守護に任官されている。元久2年、病気のため出家した2日後に亡くなっている。

坂東武士

頼朝と後鳥羽上皇に仕えた佐々木4兄弟の二男

佐々木経高《ささき・つねたか》

生年不詳～承久3（1221）年

佐々木4兄弟の二男。源頼朝挙兵直後の山木館攻めの際、堤信遠の屋敷で源平合戦の始まりを告げるはじめの一矢を放ったと言われている。その後も頼朝に従い、彼の軍勢の一人として数々の戦功を挙げた。その活躍が認められ、淡路・阿波・土佐の守護に任じられている。

その後、京都の警護に当たっていたが、正治2（1200）年、自領から京都に軍勢を集める騒動を起こした。この経高の行動に後鳥羽上皇が激怒。3国の守護職を解任された。1年後に上皇の許しを得ると、淡路国・阿波国の守護に復帰している。

承久3年の承久の乱では上皇側についた。北条義時追討の計画策定に加わったが敗北を喫している。土佐国の鷲尾へ逃げ延びていたが、北条泰時から届いた投降を促す書状を読み、自害する道を選んだ。

坂東武士

承久の乱で軍功を挙げた勇敢な武士

佐々木信綱

ささき・のぶつな

生年不詳〜仁治3（1242）年

佐々木4兄弟の長男・佐々木定綱の四男。承久の乱では鎌倉幕府軍についた。最後にして最大の激戦となった宇治川での戦いでは先陣を切るなどの活躍を見せている。

信綱は北条義時からもらった御局という名の馬を駆り、先頭で宇治川に入り、中州の手前で名乗りをあげた。これを合図に幕府側の軍勢は次々と川へ入ったが、大雨で増水した濁流に飲まれ、何人もが流されていく。信綱は幕府軍の総大将・北条泰時が援軍として送った長男・北条時氏と共に敵陣に到着。激闘の末、幕府軍が勝利した。

信綱は承久の乱での戦功により、上皇側についた兄・広綱に代わって近江国の守護職のほか、佐々木荘、堅田荘などの地頭職も得ている。また、文暦元（1234）年から2年間、幕府の評定衆を務めている。

坂東武士

宇治川の戦いで先陣を切った佐々木4兄弟の四男

佐々木高綱

ささき・たかつな

永暦元（1160）年〜建保2（1214）年

佐々木4兄弟の四男。源頼朝が木曽義仲を討伐した宇治川の戦いで、梶原景季と激しい先陣争いを繰り広げたことでも知られている。

治承4（1180）年、頼朝が挙兵すると、3人の兄（定綱・経高・盛綱）と共に参戦した。各地の戦いに従軍しているが、中でも有名なのが寿永3（1184）年の宇治川の戦いだ。高綱は頼朝から与えられた名馬・生唼《いけずき》にまたがり、宇治川を渡った。途中、梶原景季に先行を許したものの、隙をついて抜き去り、先陣の名乗りをあげた。

戦の勝利にも貢献した高綱は、文治元（1185）年に左衛門尉に、その翌年の文治2（1186）年には長門・備前国の守護に任命された。

建久6（1195）年、家督を嫡男・佐々木重綱に譲ると、自らは高野山で出家。西入と号している。

鎌倉幕府官僚

三善康信

初代問注所執事として幕府の体制整備に貢献

みよし・やすのぶ

保延6(1140)年〜承久3(1221)年

京都で太政官の書記官役を世襲する下級貴族の三善家に生まれる。母は源頼朝の乳母の妹。その縁で、頼朝が伊豆国に配流されている間、月に3度ほど使いの者をやり、頼朝に京都の情勢を伝えていた。

『吾妻鏡』によれば、治承4(1180)年、以仁王による平氏追討の令旨を受けて挙兵した頼朝に対し、平清盛が諸国の武将に源氏追討の命令を出しているとの情勢をいち早く伝えている。また、源氏正統である頼朝は狙われやすいため、早く奥州へ逃げるようにと助言を送っている。

このほか、養和2(1182)年には頼朝が伊勢神宮に奉納する願文の草案を送るなど、京都にいながらさまざまな形で頼朝を支えた。

そんな康信に対して頼朝も信頼を寄せていた。元暦元(1184)年、頼朝は康信を鎌倉へ呼び寄せ鶴岡八幡宮で対面。京都から鎌倉へ移り住み、幕府の政務の補佐をするよう要請した。康信は承諾している。

同年、頼朝は幕府内に訴訟の受理や審査、判決案の上申などを行う問注所を設置。康信を初代執事(長官)に任命した。康信は責任者として、裁判制度の整備を進めている。

法律はもちろん、京都の故実や朝廷との付き合い方など、さまざまなことに精通していた康信。最上級の役人として頼朝も一目を置いた。

建久10(1199)年に頼朝が急死した後も、幕府内での立場が変わることはなく、二代将軍・源頼家を支える13人の宿老の一人に選ばれている。

承久3(1221)年に後鳥羽上皇が承久の乱を起こした際は、病気の身でありながら軍議に参加。挙兵に慎重な御家人が多い中、大江広元とともに、「すぐに攻撃すべき」と主張した。これを受けて北条義時は、息子の北条泰時に京都へ向けて兵を出すよう指示している。

TOPICS

生みの親より、育ての親との結びつき

叔母が頼朝の乳母だった関係で、頼朝と康信は古くからの知り合いだった。「生みの親より育ての親」という言葉があるように、この時代は比企尼と頼朝のように乳母とその子の結びつきが強かったと思われる。ちなみに頼朝の乳母は数人いるが、康信の叔母がそのうち誰かは特定できていない。

明法・算道に精通した三善家の家系

三善家はもとより明法や算道をもって朝廷に仕える下級官人だった。明法とは律令や格式などの法令に関する学問のこと。算道とは計算方法など算術に関する学問のこと。鎌倉幕府はこうした学問の知識を持つ文官が圧倒的に少なかったため、康信のような知識と経験を持った人間は重用された。彼らの存在が幕府の体制整備に大きく貢献した。

幕府の裁判機関で、康信が初代執事を務めた問注所跡の石碑(神奈川県鎌倉市)

EPISODE

初代問注所執事就任で訴訟事務が迅速・円滑に

康信が初代執事を務めた問注所は今で言う裁判所。鎌倉幕府成立当初は、訴訟の受付窓口があるだけで、業務が体系化されておらず、判決も頼朝が下していたという。当時は源平の戦いの最中で国内は大規模な内乱状態にあったため、訴訟問題も数多く発生していた。煩雑な事務処理を迅速かつ円滑に行うことで、増え続ける訴訟問題を解決に導くための機関が問注所だったのである。法律に詳しく、朝廷で官人の経験のある康信こそが適任と、頼朝は白羽の矢を立てた。

もとは頼朝の住まい(大蔵御所)の片隅にあった問注所だが、言い争いや喧嘩が絶えなかったことから、いつしか康信の屋敷に移されることになっている。同時に幕府の文庫の機能も移された。問注所執事職は息子の三善康俊が継ぎ、その後三善家で世襲している。

鎌倉幕府官僚

大江広元

政所の初代別当として、幕府の政治体制を整備

おおえの・ひろもと

久安4（1148）年〜嘉禄元（1225）年

元々は太政官に属し、公文書の作成や公務記録を担当した中堅官僚だったと言われている。兄の中原親能が源頼朝に仕えていた関係で広元にも声がかかり、元暦元（1184）年に鎌倉へ下向。頼朝の家臣となった。

鎌倉で最初に任官したのは公文所の別当（長官）。公文所はその名の通り公文書の作成・管理のほか、政治、財政、訴訟などの実務一般を司る機関。広元はその責任者として手腕を振るっている。

文治元（1185）年、頼朝は国単位の軍事指揮官・行政官である「守護」と、荘園を管理・支配する「地頭」の設置を許されている。この施策を提案したのは広元だといわれる。守護と地頭の設置により、家臣の御家人たちを全国に派遣することができ、鎌倉幕府の全国支配体制が強化された。

建久2（1191）年、頼朝は公文所を改め新たに政所を設置した。幕府の諸政策を行うための機関である。広元はここでも初代別当に就任している。広元に求められたのは朝廷との折衝役。頼朝の腹心として頻繁に京都と鎌倉を往復した。また、明法博士、左衛門大尉、検非違使といった官職にも任命されている。京都から鎌倉へ下った文官の中での出世頭となった。

建久10（1199）年に頼朝が亡くなると、頼朝の妻・北条政子や、二代執権・北条義時と協調体制を築き、幕政に積極的に関与している。承久の乱が起こる前に行われた軍議では、京都に向けて積極的な攻撃を仕掛けるべきとの主戦論を展開した。

晩年を迎えても幕府の政治体制を整えた功労者の一人として、幕政への影響を持ち続けている。二代将軍・源頼家が就任した際は、彼を支える13人の宿老の一人に選ばれた。その後長く続くことになる武家社会の発展に寄与した人物の一人と言っても過言ではないだろう。

法華堂跡の奥にある大江広元のものと伝わる墓(神奈川県鎌倉市)/鎌倉市教育委員会提供

TOPICS

大江姓への改名は家系を守るため

父は中原広季で養父が大江維光という説もあれば、その逆の説もあるなど、広元の出自ははっきりしていない。長く中原姓を名乗っていたが、晩年に差し掛かった建保4(1216)年に姓を大江に改めている。中原広季に育ててもらった恩はあるが、このままだと大江家が廃れてしまう恐れがあるため、大江姓を名乗るようにしたという。

鎌倉市にある広元の墓と伝わる墓所

神奈川県鎌倉市の史跡法華堂跡には頼朝や義時のほか、広元の墓もある。頼朝の墓の東側の山の中腹に並ぶ3つの墓所のうちの中央がそれだ。左が広元の子で毛利氏の祖となった毛利季光、右が頼朝の子とも言われる島津忠久をまつる墓とされている。広元の墓は文政6(1823)年、長州藩によって建てられた。

EPISODE

広元のひと言で承久の乱が始まることに

承久3(1221)年、義時追討を決意した後鳥羽上皇が兵を集めているとの一報が鎌倉に届く。早速、有力な御家人が集められ軍議が開かれた。軍勢を上洛させ一気に京都を攻め落とすという積極派と、関東にとどまり足柄や箱根などの関所に陣を張り、上皇軍を迎え撃とうとする防衛派の二つに分かれ激論が繰り広げられた。防衛論にまとまりかけたところで、武士ではない文官の広元が口を開いた。

広元の主張は、「関所の守りを固めるだけだと、御家人の間に不安が広がり、いずれ離反者が多数出てくることが予想される。積極的に攻撃を仕掛けるべき」というものだった。この意見を政子と宿老の一人、三善康信が支持。積極的に攻撃を仕掛けることで意見が一致した。義時は早速、軍を束ねて京都へ向かうよう指示を出している。

鎌倉幕府官僚

頼朝が厚い信頼を寄せた文官

中原親能

なかはらの・ちかよし

康治2（1143）年～承元2（1209）年

明法博士・中原広季の子だと言われている。大江広元は義理の弟。『玉葉』によれば、幼い頃、相模国で養育され、伊豆国に配流された源頼朝とも交流があった。その後、京都で下級官人になっていたが、頼朝が挙兵し、源平合戦が始まると鎌倉へ下向、頼朝に仕えるようになったという。

元暦元（1184）年、公文書を管理する公文所が設置されると5人の寄人（職員）のうちの一人に選ばれている。建久2（1191）年には主君に代わって政務を行う公事奉行人に任命された。実務を担当する文官として頼朝の信頼も厚かったという。文官でありながら、親能は平氏追討、奥州征伐にも従軍している。また、朝廷と幕府との交渉役を任される機会も多く、鎌倉と京都の間を頻繁に行き来した。

建久10（1199）年、頼朝が急死。息子の源頼家が家督を継ぎ二代将軍になると、彼を支える13人の宿老のうちの一人に選ばれている。同年、頼朝の二女・三幡が急死。妻が乳母を務めていたこともあり、親能の悲嘆は大きくその日に出家した。

石山寺（滋賀県大津市）で戦勝祈願すると毘沙門天が現れたとされる毘沙門堂/石山寺提供

EPISODE

京都や鎮西の守護職も各地に荘園を有す

頻繁に京都へ行き、朝廷と交渉を重ねた親能は、京都守護に任命されている。また鎮西（九州）守護も務めたという。このほか、伊勢、駿河、越後、近江、美作、阿波、長門、相模、豊後、筑前、筑後、肥前、日向、大隅、薩摩など日本各地に膨大な広さの荘園を有していた。

鎌倉幕府官僚

その名の通り、幕府行政に徹した文官

二階堂行政

にかいどう・ゆきまさ

生没年不詳

母は熱田大宮司家の藤原季範の妹。源頼朝の母も熱田大宮司家の娘なので、頼朝とは遠戚関係になる。

二階堂行政が砦を築いたのが始まりとされる岐阜城/岐阜市提供

『玉葉』によれば、行政は朝廷の下級官人。主計少允《しゅけいしょういん》として予算の立案や配分、支出の監査など、財政関連の任務に当たっていた。行政はその後、鎌倉へ下向している。遠戚関係にあり、実務経験の豊富な行政を、頼朝が呼び寄せたのではないかと思われる。

元暦元（1184）年、公文所が新設されると、中原親能らとともに寄人の一人に選ばれている。文治5（1189）年の奥州合戦では幕府軍に同行し、朝廷に提出するための報告書を作成。翌建久元（1190）年に頼朝が上洛した際には同行し、雑事全般をこなす奉行人の大役を任された。

建久2（1191）年に頼朝は、政所を新設。別当の大江広元を補佐する令に任命された。行政は、その後も幕府の実務に関する重要な役割を着実にこなしている。

正治元（1199）年、二代将軍・頼家を支える13人の宿老に選ばれていることからも、幕府内における行政の信頼の高さがうかがえる。

EPISODE

近所に二階建てのお堂 二階堂の名前の由来

行政は二階堂氏の始祖でもある。その名前の由来には次のような話が。鎌倉での行政の住まいは、頼朝が奥州平泉の寺院を模して建てた永福寺(ようふくじ)の近くにあった。この寺の本堂は外から見ると二階建てに見えることから二階堂と呼ばれていた。それにちなんで二階堂姓を名乗ることに。

天皇家・朝廷

治天の君を頂点に政治を動かした日本の中心部

現代とは違い政治の実権を握り、国を動かす存在であった天皇と朝廷だが、武家との関係性が大きく変わった時代でもあった。

本書に関連する天皇家系図

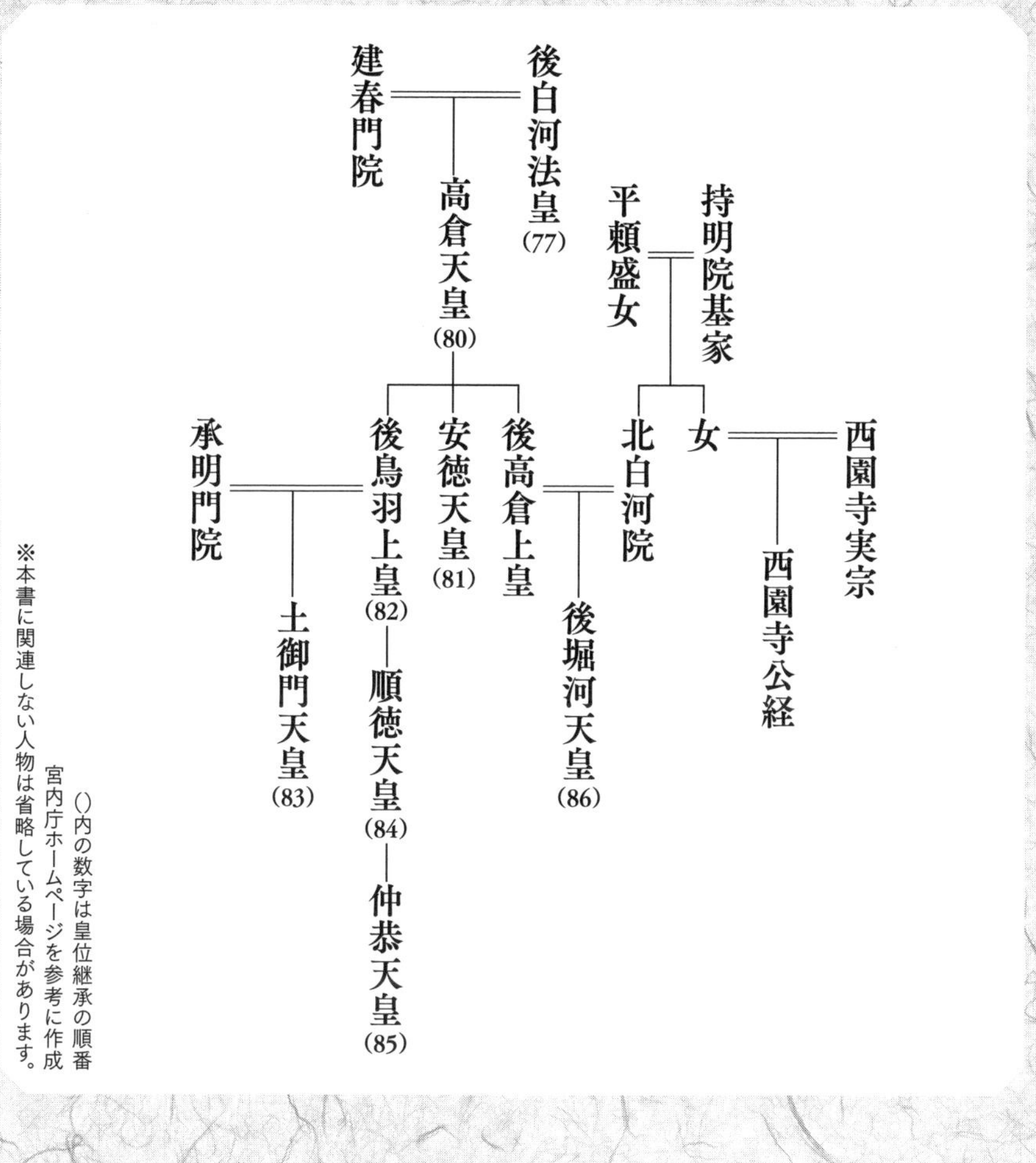

絶対的な存在が武力に屈することに

初代天皇は紀元前660年に即位したという神武天皇。天照大神の五世孫で日本国を建国したと言われている。

中世の天皇は「治天の君」と呼ばれ、今と違い政務の実権を握っていた。朝廷内でも位の高い者しか口を利くことができないほどの絶対的な存在だった。平安時代後期になると、皇位を後継者に譲り、実権を握ったまま太上天皇(上皇)となって政務を行う院政が行われるようになった。最初に始めたのは白河上皇だと言われている。

圧倒的に身分の差があった天皇、および朝廷と、武家の関係に変化が生じたのは後白河法皇が院政を行っていた頃。争い事の解決に武力が用いられるようになり、後鳥羽上皇が起こした承久の乱で上皇側が敗れたことにより、武家との力関係が逆転した。

天皇家・朝廷

したたかに院政を30年以上も続けた「日本一の大天狗」

後白河法皇《ごしらかわほうおう》

大治2（1127）年～建久3（1192）年

鳥羽天皇の第四皇子。久寿2（1155）年、29歳で七十七代天皇に即位した。翌保元元（1156）年に、皇位継承の問題などで崇徳上皇と対立し、保元の乱が起こる。戦いは、後白河天皇側の勝利に終わった。

同3（1158）年、第一皇子の二条天皇に譲位。自らは上皇となり院政を開始した。後白河上皇による院政は、停止と復権を繰り返しながらこの後30年以上続くことになる。

院政が始まると朝廷内には次第に対立の構図が出来上がっていく。後白河上皇派と二条天皇派が反目。さらに後白河上皇派内部でも溝ができていた。それがピークに達した平治元（1159）年、平治の乱が勃発。後白河上皇についた平清盛が武力で決着をつけている。この後、後白河上皇は清盛の力を利用するため、結びつきを深めていった。

仁安4（1169）年に出家して後白河法皇に。清盛との蜜月関係にも次第に綻びが生じていく。平氏の力が大きくなりすぎたからだ。後白河法皇は清盛一族の知行国を削るなど、諸策を講じた。

清盛は治承3（1179）年に数千の軍勢を引き連れて京都へ。後白河法皇を幽閉し、独裁政治を始めた。これに反発した後白河法皇の子・以仁王は、同4（1180）年、平氏追討の令旨を出す。これに源頼朝らが呼応。源平合戦の火蓋が切られた。

治承5（1181）年に清盛が病死すると、後白河法皇は院政を再開。平家が滅亡すると源義経に頼朝追討を指示した。しかし義経が思い通りに動かないとみると、反対に頼朝に義経を討たせようとするなど、刻々と変化する状況を的確に読み取り、都度、自分に都合のよい勢力を使おうとする策略家ぶりを見せた。頼朝が「日本一の大天狗」と評したほどだった。

TOPICS

過去を水に流せる度量の大きさ

一度対立した相手でも、時を過ぎれば水に流す度量の大きさがあったことが「大天狗」と呼ばれた所以かもしれない。かつては頼朝を殺害しようとしたが、鎌倉幕府が成立すると態度を一転。建久元(1190)年に頼朝が上洛した際は、40日間で8度も対面し、わだかまりを払拭させた。これにより朝廷と幕府の協調関係が生まれている。

後白河法皇が眠る法住寺殿陵

京都市東山区にある法住寺殿跡は、後白河法皇の御所の跡地。近くに平氏の六波羅館があり、政治の中心地であった。仁安4年にはここで出家し、法皇となっている。建久3年に崩御した後は、ゆかりの深い法住寺殿の跡地が御陵となった。周辺には、後白河法皇によって創建された三十三間堂もある。

「隆信／後白河法皇影」東京国立博物館蔵/ColBase(https://colbase.nich.go.jp/)

EPISODE

「今様」好きが高じて歌謡集を編さん

鳥羽天皇の第四皇子として生まれた後白河法皇。皇位継承には縁がないと、子どもの頃から遊びほうけていたという。中でものめり込んだのが今様。今で言う流行歌のことだ。夢中になり過ぎて、昼夜問わず、ずっと歌っていた。当然、周囲の貴族たちの評判は悪かった。出家をして法皇になってから『梁塵秘抄(りょうじんひしょう)』という歌謡集を編さんしている。後白河法皇にとって今様は生涯なくてはならないものだったようだ。

そんな後白河法皇は、仏教に深く帰依していたことでも知られている。有名な三十三間堂をはじめ造営に関わった寺院は数多く、東大寺の大仏開眼供養に出掛けるなど、社寺への参詣も頻繁に行っていた。

天皇家・朝廷

以仁王《もちひとおう》

平家滅亡の糸口となる令旨を発出

仁平元（1151）年～治承4（1180）年

「筆者不詳／以仁王像」東京国立博物館蔵/ColBase（https://colbase.nich.go.jp/）

後白河天皇の第三皇子。兄の守覚《しゅかく》法親王《ほっしんのう》が早くに出家したため第二皇子だとする説もある。

幼少の頃から才学に優れ人望も高かったという。母方の家柄も良く、有力な皇位継承候補であったが、後に高倉天皇となる憲仁親王の生母であり、後白河天皇の女御であった建春門院（平滋子）の妨害に遭い、親王宣下を得ることができなかった。

治承3（1179）年、平清盛は後白河法皇を幽閉する治承3年の政変を起こす。この混乱に乗じて以仁王は長年にわたり知行していた城興寺領を没収されている。

治承4（1180）年、度重なる平氏の圧力に怒りを覚えた以仁王は、源頼政の勧めに従って平氏を討伐することを決意。「最勝親王」を名乗り、平氏討伐を果たした後は皇位に就くことを宣言した令旨を発出。全国に雌伏している源氏の武士たちに届けるため、源行家を遣わせた。また、自らも挙兵を試みたが平氏方に追われることになり、最後は討ち死にした。『平家物語』によれば、藤原景家の軍勢によって、光明山鳥居の前で戦死したという。

EPISODE

奈良への逃走中追討軍に襲われ絶命

以仁王が平氏追討の令旨を発したことに対し、朝廷は皇位を奪うための謀反と捉えた。以仁王を「源以光」と改名した上で、土佐国へ配流しようとしている。一方、以仁王は園城寺に立てこもり抵抗。ある夜、奈良へと脱出を図ったが、逃走途中に藤原景家の軍勢によって殺害されたという。

天皇家・朝廷

後白河法皇の寵愛を受けた日本の楊貴妃

丹後局《たんごのつぼね》

生年不詳～建保4（1216）年

本名は高階栄子。「楊貴妃と異ならない」と言われるほどの美貌の持ち主で、後白河法皇の世話係になると、法皇から寵愛を受けるようになった。

養和元（1181）年には、法皇の皇女・観子内親王（宣陽門院）を出産。その後、政治に介入するようになる。寿永2（1183）年、木曽義仲の軍が京都に迫ると、平氏は安徳天皇を伴い、西国へと逃亡。法皇は、安徳天皇の異母弟である尊《たか》成《ひら》親王を即位させることにし、八十二代後鳥羽天皇が誕生した。これは丹後局の意向だったと言われている。

建久3（1192）年、後白河法皇が崩御。遺言により、山科に所領を与えられた。その後も権勢を保っていたが、後鳥羽天皇が親政を開始すると力を失った。晩年は亡き夫・平業房が所領した浄土寺で過ごしたという。

天皇家・朝廷

3度も官職を解かれた〝鼓の名手〟

平知康《たいらの・ともやす》

生没年不詳

北面武士として後白河法皇の側に仕えた「第一近習者」。鼓の名手で「鼓判官」とも呼ばれている。

養和元（1181）年、平清盛より検非違使の任を解かれたが、後白河法皇の信頼が厚く、清盛の死後すぐに復帰した。

寿永2（1183）年、木曽義仲が京都へ入ると、法皇の使いとして交渉役を担当する。兵たちの素行不良を注意したが聞き入れられず、義仲追討を進言。京都からの退去を命じられた義仲は、法皇の御所を襲撃。知康は法皇側の大将として義仲軍に対峙したが大敗している。この件で、義仲より検非違使を解任された。

義仲亡き後に再度復官するも、源義経に力を貸したとして、源頼朝により解官された。弁明のため鎌倉へ下向すると、二代将軍・源頼家の蹴鞠相手役に取り立てられ、側近として仕えている。

天皇家・朝廷

後鳥羽上皇《ごとばじょうこう》

承久の乱を起こし、島流しにされた悲運の天皇

治承4（1180）年〜延応元（1239）年

八十代天皇・高倉天皇の第四皇子。平氏が先代の安徳天皇を伴って都落ちしたため、祖父に当たる後白河法皇によって八十二代天皇に即位。わずか4歳の時だった。皇位の象徴とも言える三種の神器は平氏が持ち去ってしまっていたため、三種の神器が揃わないままでの皇位継承となった。伝統を重んじる宮廷では異例の出来事だった。

この事実は後鳥羽上皇のコンプレックスとなっていたようで、それを晴らすために強大な権力を持とうとしたことが、後に承久の乱を引き起こす事態に繋がったと考えられている。

建久9（1198）年、まだ3歳の第一皇子・土御門天皇に譲位し、自身は上皇となった。以来、三代23年にわたって院政を敷いている。この間、上皇に仕えて身辺を警護する西面武士を創設するなど、鎌倉幕府に対抗し朝廷の権力を回復するための施策を打ち出している。

建保7（1219）年、三代将軍・源実朝が公暁に斬殺される。この事件をきっかけに朝廷と鎌倉幕府の関係は微妙なものになっていく。同年には大内裏守護で幕府の在京御家人の源頼茂が大内裏に火を付ける事件を起こす。後鳥羽上皇は謀反の罪で頼茂を自害に追い込む。こうした事態に後鳥羽上皇は幕府への不信感を募らせていった。そして承久3（1221）年、後鳥羽上皇は北条義時追討の院宣と官宣旨を発給。承久の乱が勃発。朝廷の意に背き、義時が政治を乱しているということが主たる理由だった。

しかし、各地の武士が義時追討に立ち上がるとの後鳥羽上皇の思惑は外れることに。北条政子の名演説で多くの武家が味方についた幕府軍がたちまち京都を占領。わずか1カ月で後鳥羽上皇側は大敗した。

TOPICS

御番鍛冶を創設 作刀に力を入れる

和歌とともに刀剣の制作も好んだと言われる後鳥羽上皇は、「御番鍛冶」と呼ばれる制度を創設。全国有数の刀剣の産地である備前国、備中国、そして当時の名刀工として名高い粟田口家などから優れた刀鍛冶を1カ月交代で招き、太刀を作らせていた。隠岐島へ配流された後は、自らの手で作刀にも取り組んでいる。

平氏滅亡後に 三種の神器を捜索

歴代の天皇が即位の際に継承してきた大切な宝物が三種の神器だ。その三種とは、「八咫鏡(やたかがみ)」「八尺瓊勾玉(やさかにのまがたま)」「草薙剣(くさなぎのつるぎ)」である。壇ノ浦の戦いで平氏が滅んだ後、後鳥羽上皇は三種の神器の行方を捜索。「八咫鏡」「八尺瓊勾玉」は見つかったが、武力の象徴である「草薙剣」は安徳天皇とともに海に沈んだと言われ、見つけることはできなかった。

後鳥羽天皇画像/東京大学史料編纂所所蔵模写

EPISODE

配流先の隠岐島で 和歌に没頭する

承久の乱で大敗を喫した後鳥羽上皇は、所領していた広大な土地を没収された上、隠岐島へ配流される。天皇が島流しにされるとは、前代未聞の出来事。幕府の監視の下、男女6人の側近らとともに、日本海に浮かぶ離島でわびしい生活を送ることになった。

もともと和歌が好きで、盛んに歌会などに参加していた後鳥羽院は、数々の優れた歌を残している。

「我こそは新島守よ隠岐の海の荒き波風心して吹け」

配流されてから間もない頃に歌ったこの歌は「わたしこそが新しい島の番人だ。隠岐の海の荒い波風よ、気を付けて吹くように」という意味。力強さの中にわびしさが垣間見える、当時の心境を綴った名歌だ。

天皇家・朝廷

自ら土佐国に流された心優しき帝

土御門天皇《つちみかどてんのう》

建久6（1195）年～寛喜3（1231）年

後鳥羽上皇の第一皇子。建久9（1198）年、わずか3歳で八十三代天皇に即位。その温和な性格が武家政権との対決ではマイナスに働くと考えられ、承元4（1210）年に弟の順徳天皇に皇位を譲った。

承久の乱には直接関わっておらず、父・後鳥羽上皇や弟・順徳天皇のように流罪になることはなかった。しかし、「自分だけ都で生き延びるのはしのびない」と自ら申し出て、土佐国へ配流された。その後、阿波国へ移されている。

天皇への即位も、弟の順徳天皇に譲位をしたのも、すべて後鳥羽上皇の意向。上皇に振り回された半生を送ってきたが、承久の乱の後は自らの意思で土佐国に流されている。後に阿波国へ移ったのは、少しでも父の暮らす隠岐島に近い場所へ行きたいと申し出たからだ。

天皇家・朝廷

父・後鳥羽上皇とともに承久の乱を起こす

順徳天皇《じゅんとくてんのう》

建久8（1197）年～仁治3（1242）年

後鳥羽上皇の第三皇子。温和な性格の兄・土御門天皇と比べて気性の激しい性格の持ち主だったという。承元4（1210）年には上皇の強い意向で、土御門天皇に代わり八十四代天皇に即位。年齢は14歳だった。

承久3（1221）年には、後鳥羽上皇の北条義時追討計画に参画するため、息子の仲恭天皇に譲位した。承久の乱は、幕府軍に大敗。後鳥羽上皇と同調していた順徳天皇は佐渡島へ配流された。崩御するまでの21年間、同島で暮らしている。

順徳天皇は、優れた歌人・文筆家でもあった。天皇在位中、政務には携わらず、有職故実（朝廷の古いしきたり）の研究や和歌や管弦などの芸事に力を入れた。有職故実の解説書である『禁秘抄』、6部6巻からなる歌論集『八雲御抄』などの著作をいくつも残している。

天皇家・朝廷

天皇にならずに上皇に即位した唯一の人

後高倉上皇《ごたかくらじょうこう》

治承3（1179）年〜貞応2（1223）年

八十代・高倉天皇の第二皇子。守貞親王と名のった。八十一代・安徳天皇は異母兄、八十二代・後鳥羽天皇は同母弟となる。

寿永2（1183）年、平家が都落ちする際、まだ5歳の守貞親王は安徳天皇の皇太子とみなされ、安徳天皇らと共に西国へ伴われる。平家滅亡後に助け出され京都へ戻ると、すでに弟の後鳥羽天皇が即位していた。

建暦2（1212）年、即位の望みがないため出家することに。行助入道親王を名乗った。

承久の乱の後、鎌倉幕府の意向で仲恭天皇は廃位、まだ10歳の後堀河天皇が即位した。天皇の後ろ盾として父・行助入道親王を太上天皇に奉った。即位からわずか2年で崩御。後高倉院の院号を贈られた。一度も天皇に即位したことのない人物が上皇になることは先例のないことだった。

天皇家・朝廷

承久の乱の後、10歳で天皇に即位

後堀河天皇《ごほりかわてんのう》

建暦2（1212）年〜天福2（1234）年

承久3（1221）年に即位した八十六代天皇。まだ10歳と幼かったため、父である後高倉上皇が院政を行っている。

一代前の仲恭天皇は後堀河天皇よりさらに幼い4歳。鎌倉幕府の意向により、承久の乱の後、在位期間わずか3カ月で退位させられている。承久の乱の首謀者で、隠岐国に配流された後鳥羽上皇の直系子孫を排除するという条件で次の皇位継承者を探していた幕府は、後鳥羽上皇の兄・後高倉上皇の三男・後堀河天皇に白羽の矢を立てている。

その後、大過なくすごしていた後堀河天皇だが、20歳を超えたところで、自身も院政を行おうと考えたようだ。貞永元（1232）年、まだ2歳の四条天皇に譲位し、院政を敷いている。しかし、もともと体が弱く、院政開始から2年後の天福2年に崩御した。

天皇家・朝廷

承久の乱を勝利に導いた親幕派貴族

西園寺公経

さいおんじ・きんつね

承安元（1171）年～寛元2（1244）年

号は入道前太政大臣/「小倉百人一首」国立国会図書館蔵

鎌倉幕府との関係が深い親幕派の筆頭格であった朝廷の役人。

承久3（1221）年に承久の乱が勃発。公経は息子・西園寺実氏とともに後鳥羽上皇によって幽閉された。その際、北条義時追討の院宣が発せられたことなど、後鳥羽上皇ら朝廷の動きを知らせる使者をいち早く鎌倉幕府に送っている。この知らせは幕府側の勝利に大きく貢献した。

承久の乱が終わると、公経は幕府との結びつきをさらに強固なものとする。幕府の強力な後押しを受け、貞応元（1222）年に太政大臣、翌同2（1223）年には従一位に昇進。また、朝廷と幕府の間を取り持つ調整役・関東申次にも就任するなど権勢を誇り、娘婿・九条道家とともに朝廷の実権を握った。

孫の九条頼経が鎌倉幕府の四代将軍に、ひ孫の九条頼嗣が五代将軍にそれぞれ就任。八十七代の四条天皇、九十代の亀山天皇もひ孫に当たることが、朝廷や幕府との関係の深さを物語っている。

EPISODE

西園寺の祖として菩提寺と庭園を整備

多くの荘園を持ち、宋との貿易でも莫大な収入を得ていた公経は、承久の乱の後、京都北山に菩提寺となる西園寺を建立。併せて、豪華な庭園のある別荘も建てている。その眺めはとても美しかったという。公経は、この西園寺にちなみ、姓を藤原から西園寺へと変更。西園寺家の祖となった。

天皇家・朝廷

摂関家の勢力拡大を模索した公卿

九条兼実

くじょう・かねざね

久安5（1149）年～承元元（1207）年

「前賢故実」国立国会図書館蔵

公家の中でも家格の高い五摂家の一つ、九条家の祖。父・藤原忠通は摂政・関白を務めている。

平氏政権下の仁安元（1166）年、18歳の若さで右大臣に就任。摂政家に生まれた兼実は、自身も父と同様に摂政へ昇進することを望んでいたが、思いの通りに事が運ぶことはなく、その後20年もの間にわたって右大臣にとどまった。

しかし、平清盛が死去し、源頼朝が台頭すると状況は一変。頼朝の支持を得て摂政になると、識者から意見を集めて政治のあるべき姿を示すなど、積極的に政治改革を進めた。その後も太政大臣、関白などの官職を歴任。位階は従一位となるなど順調に昇進した。

建久3（1192）年の後白河法皇の崩御後は朝廷の実権を握り、頼朝の征夷大将軍宣下に尽力。

頼朝による娘・大姫の入内工作を巡って頼朝との関係に軋轢《あつれき》が生じると、建久7（1196）年に関白を罷免された。失脚した兼実は出家して、二度と政治の世界に戻らなかった。

EPISODE

40年分の日記『玉葉』は当時を知る貴重な資料

兼実は博学で有職故実にも詳しく、和歌をたしなむなど文化的素養が高かった。彼がまとめた『玉葉』は、長寛2(1164)年から約40年間にわたって当時の社会や政治の情勢、朝廷の内部事情などを日記として記録してきたもの。当時を知るための貴重な資料となっている。

天皇家・朝廷

権謀術数を巡らせ、朝廷内で権勢をふるう

源通親

みなもとの・みちちか

久安5（1149）年～建仁2（1202）年

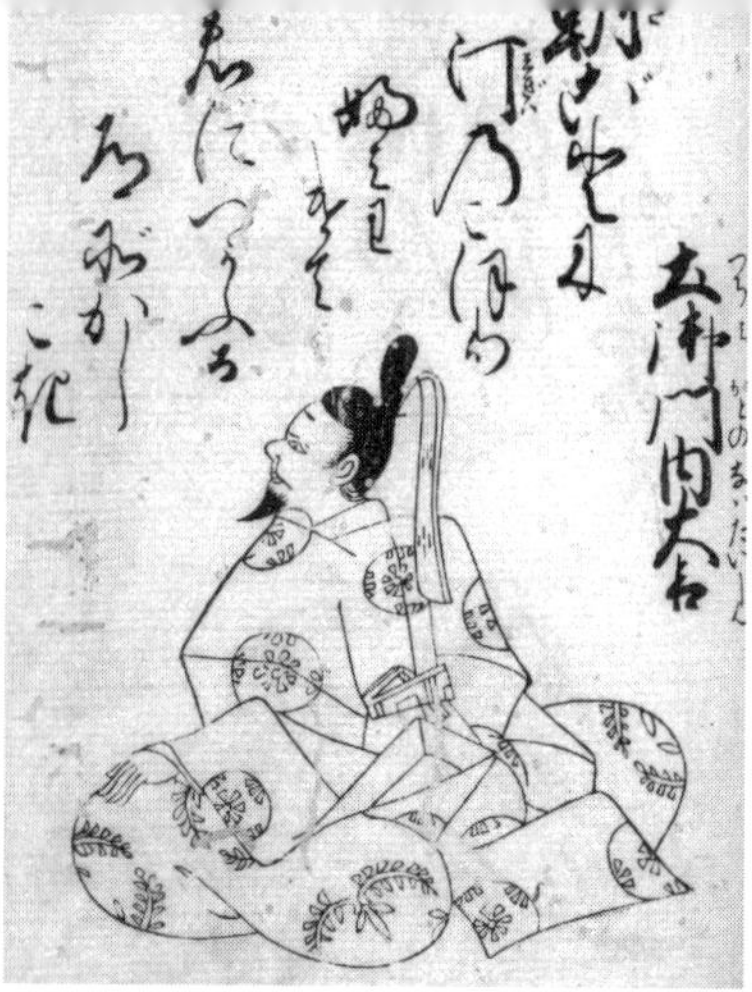

号は土御門内大臣/「百人一首萬葉鑑/女中重宝」国文学研究資料館蔵

七十七代・後白河天皇から八十三代・土御門天皇まで七代の天皇に仕えてきた公卿。時の権力者に巧みにすり寄ることで勢力を保ち、六十二代・村上天皇を祖とする村上源氏の全盛期を築き上げている。

平清盛が日本初の武家政権を発足させるなど栄華を極める中、通親は最初の妻を捨て、清盛の姪と結婚。清盛の後ろ盾のもとに政界での地位を築き、高倉天皇の側近として働いた。治承３（１１７９）年には蔵人頭となり、朝廷と平家の橋渡しをする役割を果たした。

清盛の死後、平氏が落ち目となると、後白河法皇に接近。後鳥羽天皇の乳母・藤原範子を妻に迎え法皇の近臣として活躍した。その後、源頼朝とも接近し朝廷内での地歩を固めると、関白・九条兼実の追放に成功。通親の養女・源在子が生んだ土御門天皇を即位させると、通親は天皇の外祖父として、朝廷内に絶対的な権力を確立した。54歳での死後、従一位の官位が与えられている。

EPISODE

和歌や文章に優れた才能を発揮

自身の出世のためなら平気で妻を捨てるという冷酷な一面を持つ通親だが、和歌や文章の才能も併せ持っていた。『新古今和歌集』にも通親の歌が収録されているほか、高倉天皇の厳島神社への行幸に随行した際の旅日記『高倉院厳島御幸記』といった著書も残している。

天皇家・朝廷

院政に介入し、手腕を発揮した女官

卿二位《きょうにい》＝藤原兼子《ふじわらのけんし》

久寿2（1155）年〜寛喜元（1229）年

裁判や刑罰を司る刑部卿・藤原範兼の娘。卿局、あるいは官位に応じて卿二位などと呼ばれた。

後鳥羽天皇との関係が深く、姉・藤原範子とともに乳母を務めている。後鳥羽天皇の信頼も厚く、正治元（1199）年には典侍に任命されるなど、重用された。院政を敷き、後鳥羽上皇の独裁色が強まると、兼子の勢力も比例して増大した。

鎌倉幕府三代将軍・源実朝の妻に養女である坊門信清の娘を推薦。実朝が亡くなると次期将軍候補に自らが養育した頼仁親王を推している。朝廷の勢力を幕府に注入することで、朝廷の発言力を強めたいとの思惑があったと思われる。

後鳥羽上皇の院政の中で、その手腕を発揮してきた兼子であったが、承久の乱で幕府側に完敗を喫すると徐々にその勢力は衰えていった。

歴史スポットを訪ねる 3

後鳥羽上皇が19年暮らした
隠岐島

承久3(1221)年に起こした承久の乱で敗れた後鳥羽上皇は、流罪となり隠岐島へと配流されている。治天の君である上皇が島流しの刑に処されるとは、前代未聞の話であった。

上皇は崩御するまで19年間、島から一歩も出ることなく暮らしていた。和歌を詠み、刀剣作りに励んだほか、牛に角を突き合わせて対戦させる隠岐の牛突きを面白がって観戦したという。

火葬場の跡に御火葬塚が整備され、その横には上皇を祭る隠岐神社が創建されるなど、崩御後もその影響力は続いている。

配流から800年が経過した今も、多くの島民から親しみを込めて「ごとばんさん」と呼ばれているという。隠岐島には後鳥羽上皇が暮らしたという痕跡が、そこかしこにしっかりと根付いているようだ。

天皇家・朝廷

慈円《じえん》

『愚管抄』を記した天台宗の高僧

久寿2（1155）年～嘉禄元（1225）年

号は前大僧正慈円/「小倉百人一首」国立国会図書館蔵

天台宗総本山・比叡山延暦寺の住職で天台宗の諸末寺を総監する天台座主に4度も任命された、鎌倉時代初期を代表する僧侶。父は37年にわたり摂政関白の地位を保った藤原忠通。九条兼実は同母兄に当たる。

永万元（1165）年、11歳で仏の道を歩むことを決意。延暦寺に入る。仁安2（1167）年に出家して道快と名乗ったが、養和元（1181）年に慈円と改めた。

兄・兼実の庇護の下、仏門に邁進し、順調に昇進を重ねた慈円は、後鳥羽上皇のために祈祷を行う護持僧にも選ばれる。ともに和歌をたしなむなど、後鳥羽上皇とは深い関係を築いたが、政治信条では対立。公武協調を旨とする慈円に対し、後鳥羽上皇は北条義時追討を主張したため、慈円は上皇の元を去る。

慈円は全7巻の歴史書『愚管抄』を記したことでも知られているが、執筆の原動力となったのは、後鳥羽上皇が挙兵することをいさめるためだったとも言われている。

EPISODE

和歌や文章に優れた才能を発揮

文学への愛好と造詣の深かった慈円は、優れた和歌を多数残している。慈円が詠んだ歌を集めた家集『拾玉集』には、なんと6000首以上の歌が掲載されている。また、後鳥羽上皇の命によって編纂された『新古今和歌集』には歌人の中で最多となる92首が選ばれている。

天皇家・朝廷

家族の婚姻を利用し、権勢を得た策略家

坊門信清《ぼうもん・のぶきよ》

平治元（１１５９）年～建保４（１２１６）年

後鳥羽上皇に仕えた公卿。後に内大臣、正二位まで昇進をしている。京都の太秦に別宅を構えていたことから太秦内府などと呼ばれた。

同母姉の七条院が高倉天皇に嫁ぎ、尊成《たかひら》親王（後の後鳥羽上皇）を出産。尊成親王がわずか４歳で天皇に即位すると、天皇の叔父として権力を得る。それに合わせて順調に昇進を重ね、建仁３（１２０３）年には権大納言、建暦元（１２１１）年には左大臣・右大臣に次ぐ官職の内大臣に上りつめた。

後に、娘の一人が後鳥羽上皇の後宮に、もう一人の娘が三代将軍・源実朝の正室になるなど、朝廷と幕府の双方と深く関わりを持つことで、さらにその権力を強固なものとしている。

建保３（１２１５）年に出家。その翌年に死去した。

天皇家・朝廷

亡き夫の菩提寺を建てた三代将軍・源実朝の正室

信清の娘《のぶきよのむすめ》

建久４（１１９３）年～文永11（１２７４）年

父は後鳥羽上皇の近臣だった公卿・坊門信清。後鳥羽上皇の後宮となった姉妹もいる。名は信子とも言われているが、定かではない。

元久元（１２０４）年に三代将軍・源実朝の正室となる。京文化に憧れを抱いた実朝に望まれての婚姻だったという。この時、実朝は13歳、信清の娘は11歳。一緒に遊びに出掛けるなど、二人の仲は良かったようだが、跡継ぎはできなかった。

建保７（１２１９）年、実朝が公暁に襲われ死亡した。信清の娘はその翌日に出家。本覚尼と名乗った。その後、京都へと戻り、貞応元（１２２２）年には、実朝の菩提寺として遍照心院（現在の大通寺）を創建している。

承久の乱の後、後鳥羽上皇側についていた兄の坊門忠信・忠清らは、彼女の嘆願によって命を助けられている。

天皇家・朝廷

承久の乱後の朝廷を牛耳った実力者

九条道家

（くじょう・みちいえ）

建久4（1193）年〜建長4（1252）年

太政大臣・九条良経の二男。幼少時から祖父・九条兼実の寵愛を受け、兼実に引き取られ育てられた。

建仁3（1203）年、11歳で元服すると同時に正五位下を叙任。侍従に始まり権中納言へと順調に昇進を果たした。元久3（1206）年、父・良経のの死去に伴い家督を継いでいる。その後も、昇進は続き、建保3（1215）年には右大臣に任官した。

建保7（1219）年、三代将軍・源実朝が公暁によって斬殺されると、幕府からの要請に応じて三男・三寅（後の九条頼経）を四代将軍として鎌倉へ送っている。

嘉禄元（1225）年、尼将軍と呼ばれ、実質的に幕府の実権を握っていた北条政子が死去。それに伴い頼経が征夷大将軍に任命された。承久の乱の後、幕府の支援を得て西園寺公経が朝廷内での権力を欲しいままにしていたが、関白を任官するなど道家も劣らず権勢を誇った。

寛喜3（1231）年には従一位に昇進。翌年、娘・竴子が生んだ四条天皇が即位すると、天皇の外祖父として君臨した。

道家が造営した京都最大の大伽藍・東福寺（京都府京都市）の本堂（現在の本堂は昭和期に再建）

EPISODE

朝廷最大の実力者も晩年は見る影をなくす

朝廷内で権勢を誇った道家だったが、晩年は不遇をかこった。四代将軍・頼経、孫で五代将軍の九条頼嗣が相次いで執権の北条氏に失脚させられたためだ。道家自身にも倒幕を計画しているという嫌疑がかけられることに。疑いを晴らすことのないまま60年の生涯に幕を閉じている。

天皇家・朝廷

さまざまな文化活動を極めた日本を代表する歌人

藤原定家

ふじわらの・さだいえ（ていか）

応保2（1162）年～仁治2（1241）年

中世日本を代表する歌人。『新古今和歌集』の編さんに携わったほか、『小倉百人一首』の撰者としても知られている。父・藤原俊成も後白河法皇の院宣を受け『千載和歌集』を撰進した歌人として知られる。

安元元（1175）年、侍従に任官し官人の道を歩み始めたが、病気がちなうえ、父・俊成が出家をしたために後ろ盾がなくなり出世は遅かったという。本格的に歌を詠むようになったのは治承3（1179）年の頃。歌合の会に初めて参加している。続く養和元（1181）年には『初学百首』を詠んでいる。

建仁元（1201）年、後鳥羽上皇の主催する千五百番歌合に参加。上皇から才能を評価されると『新古今和歌集』の撰者の一人に選ばれている。承久の乱の後には、『新勅撰和歌集』を編さんするなど歌人としての名声を高めた。その後も歌集の編さんや日記『明月記』の執筆、古典の研究など、あくなき好奇心でさまざまな文化活動に邁進した。

「肖像集」国立国会図書館蔵

EPISODE

短気で好戦的!? 神経質な一面も

歌人というとおとなしいイメージがあるが、定家は真逆の性格だったという。気が短く喧嘩っぱやかった。若い頃、人から嘲笑されたことに激怒し、脂燭（しそく）で相手の顔に殴り掛かる乱闘騒ぎを起こしている。また、2度も大病を患うなど、病気がちで神経質な一面も持ち併せていたようだ。

奥州藤原氏

奥州の地に一大勢力を築いた北方の王者

奥州に独自の黄金文化を築き、源頼朝をも恐れさせた奥州藤原氏。
「北方の王者」と呼ばれながら、わずか１００年で滅びてしまった悲劇の一族。

本書に関連する奥州藤原氏系図

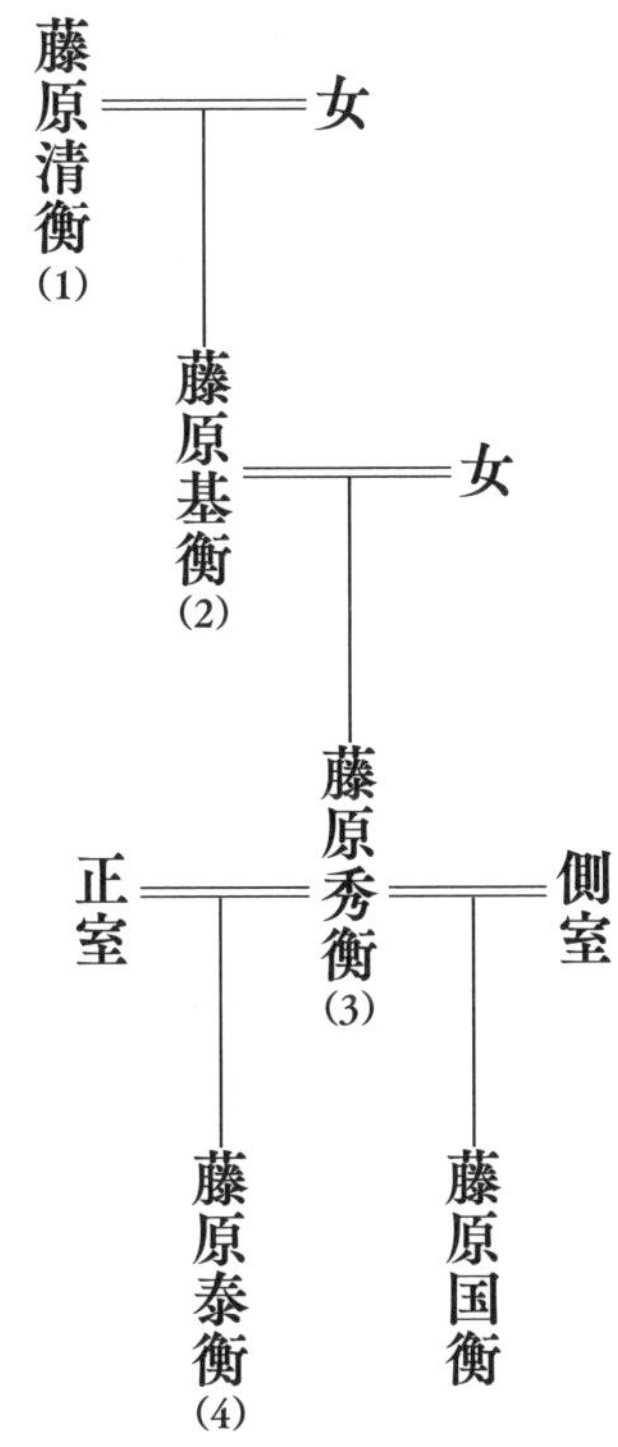

※本書に関連しない人物は省略している場合があります。
()内の数字は当主に就任した順番
平泉町ホームページを参考に作成

奥州に独自の文化を持つ平和都市を完成させる

11世紀の中頃、陸奥国と出羽国で起きた戦乱を平定させ、奥州を治めることになった藤原清衡が始祖。源頼朝によって滅ぼされるまで、約１００年にわたり、独自の文化を築き上げた。

平泉を拠点とした清衡が望んだのが、平和国家を建設することだったという。手始めに清衡は、度重なる戦で命を落とした人々の霊を弔うため、20年をかけて中尊寺を建立した。黄金に輝く金色堂などの装飾は、京都から呼び寄せた優れた技術者が担当している。

二代・基衡と三代・秀衡は、清衡の理念を受け継ぎ仏教を中心とした街づくりをさらに発展。ふんだんに採れた金や交易による豊かな財力を生かして、理想的な都市を完成させている。奥州藤原氏は「北方の王者」と呼ばれ、平泉の街は繁栄を極めた。

奥州藤原氏

頼朝・義経兄弟に運命を変えられた北方の王者

藤原秀衡

ふじわらの・ひでひら

生年不詳～文治3（1187）年

都から遠く離れた奥州の地で独自の勢力を誇っていた奥州藤原氏の三代当主。優れた経済力と統治能力を武器に、拠点となる平泉に繁栄をもたらし「北方の王者」と呼ばれた。

保元2（1157）年、死去した父・藤原基衡の家督を継ぎ、その土地の豪族として最高位となる陸奥国と出羽国の押領使に就任。嘉応2（1170）年には、押領使よりさらに位の高い鎮守府将軍に任命された。財力がある上、17万騎もの兵力を持つ秀衡の存在を恐れた朝廷が用意したポストだと言われている。

承安4（1174）年、秀衡を頼って奥州の地へやって来たのが源義経だ。平治の乱で父・源義朝が敗死した後、京都の鞍馬寺に預けられていたが、僧になることを拒み、遠路逃げてきたという。秀衡は義経を庇護した。

治承4（1180）年、源頼朝が挙兵すると、秀衡の制止を振り切り義経は兄の元へと行ってしまう。その翌年、秀衡はさらに昇進し陸奥守に叙任される。源平の戦いが激化する中、平宗盛が奥州藤原氏を味方に付けるための工作だったが、秀衡は中立を貫き、戦いに一切参加しなかった。

文治3（1187）年、源平合戦で源氏を勝利に導きながらも、頼朝と対立した義経が長い逃亡の末、秀衡の元を訪れた。秀衡は自分を頼ってきた義経を匿まうことに。しかし、すぐに頼朝に知られてしまうことになる。

秀衡と義経が連携することを恐れた頼朝は、秀衡を反逆者呼ばわりし、義経の身柄を引き渡すように求める。これに対し秀衡は、頼朝との決戦も辞さない覚悟を見せていたが、心労がたたったのか病に倒れ、そのまま帰らぬ人となった。急遽、二男・藤原泰衡が四代当主となったが、頼朝の圧力に屈服し、義経を自殺に追いやった。その上で、頼朝の軍勢が平泉を急襲。奥州藤原氏は滅亡した。

TOPICS

中尊寺に眠る秀衡の亡骸

秀衡のほか、初代・清衡、二代・基衡、四代・泰衡と奥州藤原氏当主全員の亡骸が平泉の中尊寺金色堂に安置されている(泰衡は頭部のみ)。昭和25(1950)年に行われた学術調査によると、生前の秀衡は、身長160センチで肥満体質。顔は長くあごが張っていて、筋の通った高い鼻をしていたという。脊椎の病気が死因だと考えられている。

世界遺産登録の文化財が多数

奥州藤原氏が拠点とした平泉は、仏教に基づく理想世界の実現を目指して造営された。初代・清衡が建立した中尊寺をはじめ、秀衡が造営した毛越寺や無量光院跡など、文化的価値の高いさまざまな文化遺産が残されている。これらに観自在王院跡、金鶏山を加えた5つの資産が平成23(2011)年にユネスコの世界文化遺産に登録されている。

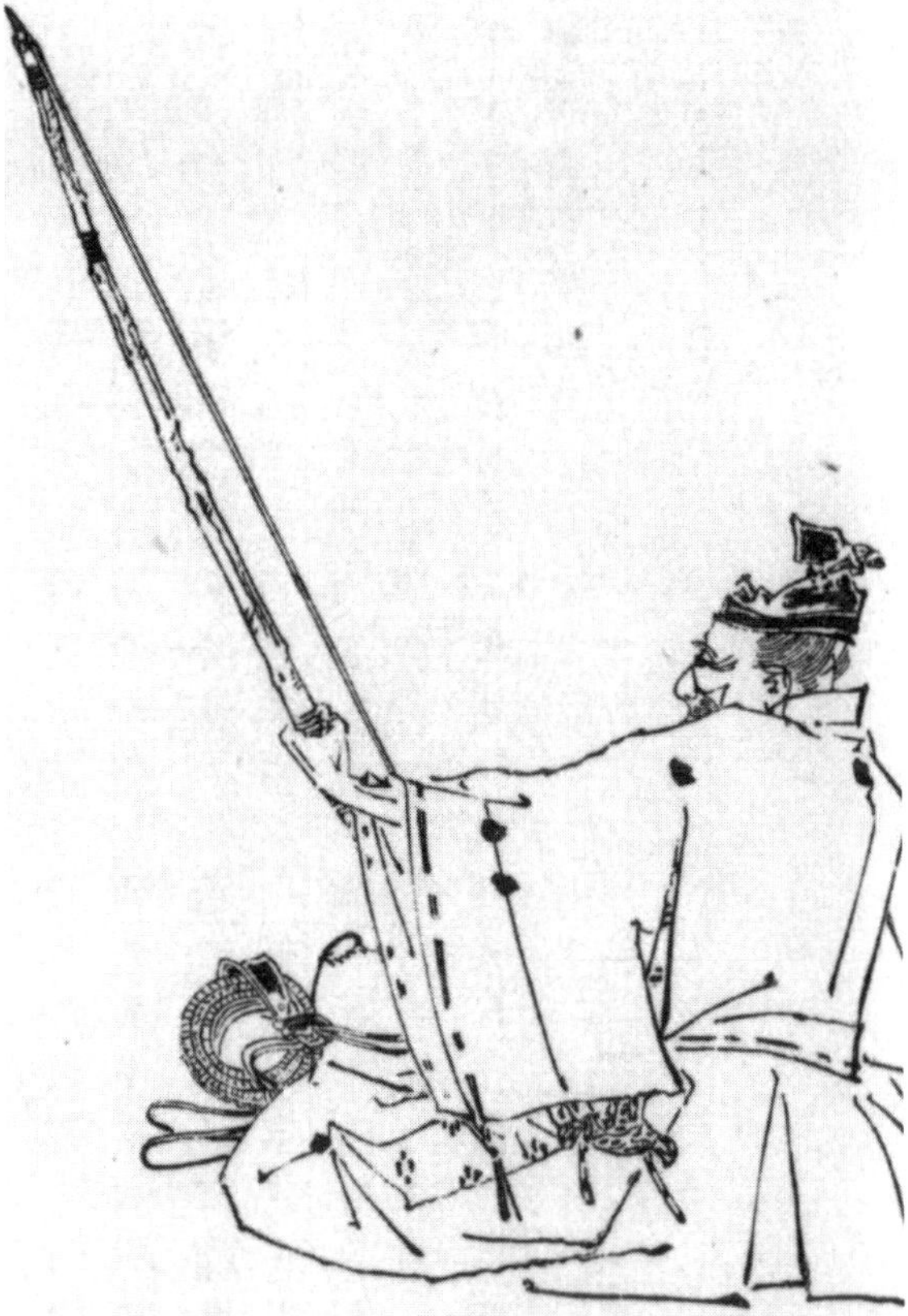

「前賢故実」国立国会図書館蔵

EPISODE

臨終間際に見せた二人の息子への思い

義経を匿まったため、頼朝からの圧力を受け続けることになった秀衡は、病に倒れることに。秀衡は枕元に二人の息子・国衡と泰衡を呼び、こう伝えたという。

「義経を主君として仕え、ともに団結して頼朝の攻撃に備えよ」

そして、後継者に二男だが正室の子である泰衡を指名。長男だが側室の子である国衡には、秀衡の妻をめとらせている。国衡と泰衡が義理の親子関係を結ぶことで国衡の不満を和らげ、二人の衝突を避けたいとする親心からの考えだった。

そうした秀衡の願いもむなしく、頼朝の猛烈な圧力を受けた泰衡は、義経を自害に追い込むことに。さらに、頼朝軍は平泉にも攻め入り、四代約100年にわたって続いた奥州藤原氏を滅亡に追い込んだ。

奥州藤原氏

藤原国衡《ふじわらの・くにひら》

複雑な家族関係に翻弄された庶子の嫡男

生年不詳～文治5（1189）年

奥州藤原氏三代当主・藤原秀衡の長男でありながら庶子（側室の子）であったため、家督は継いでいない。

国衡が総大将を務めた「阿津賀志山の戦い」で築かれた阿津賀志山防塁/福島県国見町提供

そのため、家督を継いだ弟・泰衡との関係は決して良好ではなかった。

秀衡は、兄弟の融和を図りたいという考えから、国衡に自身の正室をめとらせている。つまり、国衡は義理の母と結婚し、弟・泰衡とは親子関係となったのだ。しかしこの婚姻は国衡と泰衡の関係をさらに複雑なものにしたようだ。秀衡は奥州へと逃げ延びてきた源義経を主君とし、国衡と泰衡には仲違いをすることなく頼朝の攻撃に備えるよう遺言を残したが、泰衡はその遺言を破り捨てたという。妾の子という負い目から、国衡は泰衡の暴挙を止めることができなかった。

源頼朝が幕府政権安定のため、障壁となり得る奥州藤原氏を滅亡させようと仕掛けた阿津賀志山の戦いで、国衡は大将軍として頼朝軍を迎え撃った。激しい攻防が繰り広げられたが頼朝軍が勝利。国衡は敗走中に和田義盛の矢で射られるなどして命を落としたという。

EPISODE

武芸に優れた平泉方の総大将

正室の子である泰衡が「当腹の太郎」と呼ばれていたのに対し、国衡は「別腹の嫡男」などと揶揄（やゆ）されることが多かったという。それだけに常に負い目を感じながら生きていたようだ。ただ、戦となると話は別。武芸に優れ、立ち居振る舞いの堂々とした、立派な武士だったと伝わる。

奥州藤原氏

藤原泰衡

ふじわらの・やすひら

平泉に火を放った奥州藤原氏最後の当主

生年不詳〜文治5（1189）年

父は三代当主・藤原秀衡、母は陸奥守・藤原基成の娘。源頼朝の圧力に屈し、約100年続いた奥州藤原氏の最後の当主となってしまう。

中尊寺金色堂（岩手県平泉町）の父・秀衡の金棺の傍らに泰衡の首桶が納められた/中尊寺提供

先代の秀衡は、平家滅亡後に頼朝と対立した源義経を平泉で庇護していた。これに対し頼朝は、秀衡の死後、泰衡と、泰衡の祖父にあたる基成に義経追討を要請した。「義経の所在が分かり次第追討する」などと、あいまいな答えをする泰衡に対し、頼朝は執拗に義経追討を指示。ついには泰衡追討を検討するまでに至ったという。頼朝の圧力に屈した泰衡は義経の屋敷を数百騎の兵で囲み、義経を自害に追い込んだ。

泰衡は義経の首を差し出して事態の収拾を図ったが、頼朝は許可なく義経を討伐したなどと難癖をつけ、大軍を引き連れて奥州へと乗り込んできた。

阿津賀志山で頼朝軍を迎え撃った兄の藤原国衡が敗れると、敗北を悟った泰衡は政庁・平泉館などに火を放ち北方へ向かった。比内郡の河田次郎の元へと逃げ込んだが、次郎に裏切られて殺害されている。

EPISODE

頼朝に助命を嘆願し、最後は非業の死を迎えた

『吾妻鏡』によれば、平泉に火を放ち逃げ出した泰衡は、逃走途中に助命を嘆願する書状を頼朝に送っている。「義経を匿まったのは父・秀衡で、自分はまったく関係がない」「義経を討ち取ったのは、むしろ勲功だ」「自分を許して御家人にしてほしい」などと書き綴られていたという。

承久の乱・幕府側

後鳥羽上皇の召喚を拒否した京都守護

伊賀光季《いが・みつすえ》

生年不詳～承久3（1221）年

北条義時の後妻・伊賀の方の兄。北条氏の外戚として鎌倉幕府で重用された。

建保7（1219）年、三代将軍・源実朝の死後、京都守護として上洛し、京都の警備や朝廷と幕府の連絡役を務めた。承久3（1221）年、後鳥羽上皇が義時を討つために挙兵したことを幕府に伝えるため、鎌倉に使者を送っている。

光季は、後鳥羽上皇から京方として乱へ参加するよう求められたが、一切応じなかった。

すると、後鳥羽上皇は光季の屋敷に軍を送った。多勢に無勢で討ち死にする覚悟を決めた光季は、まだ14歳の息子・伊賀光綱に屋敷から逃げるように促している。しかし光綱は、「親を見殺しにするのは恥」と、光季とともに命を落とす覚悟を示したため、二人は自害した。

承久の乱・幕府側

北陸道を進軍し、幕府軍最初の勝利に貢献

佐々木信実《ささき・のぶざね》

安元2（1176）年～寛元元（1243）年

15歳の頃、源頼朝の大蔵御所で催された双六大会での武勇伝はつとに有名である。源頼朝と対局をしていたところ、頼朝の寵臣・工藤祐経から横やりを入れられたことに立腹。石を祐経の額に叩き付けた。会場は騒然となり、頼朝は激怒したという。信実は父・佐々木盛綱から勘当され出家した。その後許しを得て武士に戻っている。

承久の乱では幕府軍に参加。北陸道の大将軍・北条朝時に従い、京都を目指すことに。後鳥羽上皇軍の酒匂家賢が越後国の願文山城に立てこもり、幕府軍の進軍を止めようとしたため、信実は家賢追討の大将となり勝利を収めた。その後、結城朝広とともに北陸道の軍勢を指揮。京都へ攻め入った。戦功を挙げた信実は、承久の乱の後、恩賞として備前国守護に任命されている。

承久の乱・幕府側

千葉胤綱

承久の乱で武功を挙げた若き下総国領主

ちば・たねつな

生年不詳～安貞2（1228）年

千葉氏の六代当主。建保6（1218）年、父・千葉成胤の家督と下総守護職を承継した。

翌同7（1219）年、三代将軍・源実朝が公暁に襲われて命を落とすと、四代将軍として源頼朝の妹の子孫に当たる九条頼経を京都から迎えることが決まる。胤綱は頼経の鎌倉下向に同行した。頼経の着袴の儀が行われた際には北条泰時や小山朝政らと、頼経の警護を任されたという。

承久3（1221）年、承久の乱が勃発すると、北条時房・北条泰時の指揮下に入り、北条時氏、足利義氏、三浦義村らとともに東海道を攻め上がり、京都へと入っている。

承久の乱では幕府軍が勝利。胤綱は上皇軍の大将軍として出陣し、首謀者の一人として捕らえられた坊門忠信の身柄を預かり、処刑をするため鎌倉へと連行した。しかし、実朝に嫁いでいた妹（＝信清の娘）の助命嘆願が認められ、遠江国で釈放される。京都に戻った忠信は出家した後、越後国へ流罪となった。

本土寺（千葉県松戸市）の過去帳に「第四胤綱卅一歳、安貞二年戊午五月廿八日」と載る/PIXTA

EPISODE

宿老・三浦義村を痛烈に皮肉る

建保7年の正月、幕府に御家人たちが集まった際、胤綱は権勢を誇っていた宿老・三浦義村より上座に座った。すると義村が「下総犬は臥所（寝床）を知らぬ」と注意。これに対し胤綱は「三浦犬は友を食らう」と切り返した。和田合戦で義村が和田義盛を裏切ったことへの痛烈な皮肉だった。

承久の乱・幕府側

北条家の血統を受け継いだ足利家三代当主

足利義氏

あしかが・よしうじ

文治5（1189）年〜建長6（1255）年

足利家二代当主・足利義兼の三男。母は北条時政の娘。三男でありながら家督を継ぐことができたのは、初代執権・北条時政の血が流れているからである。

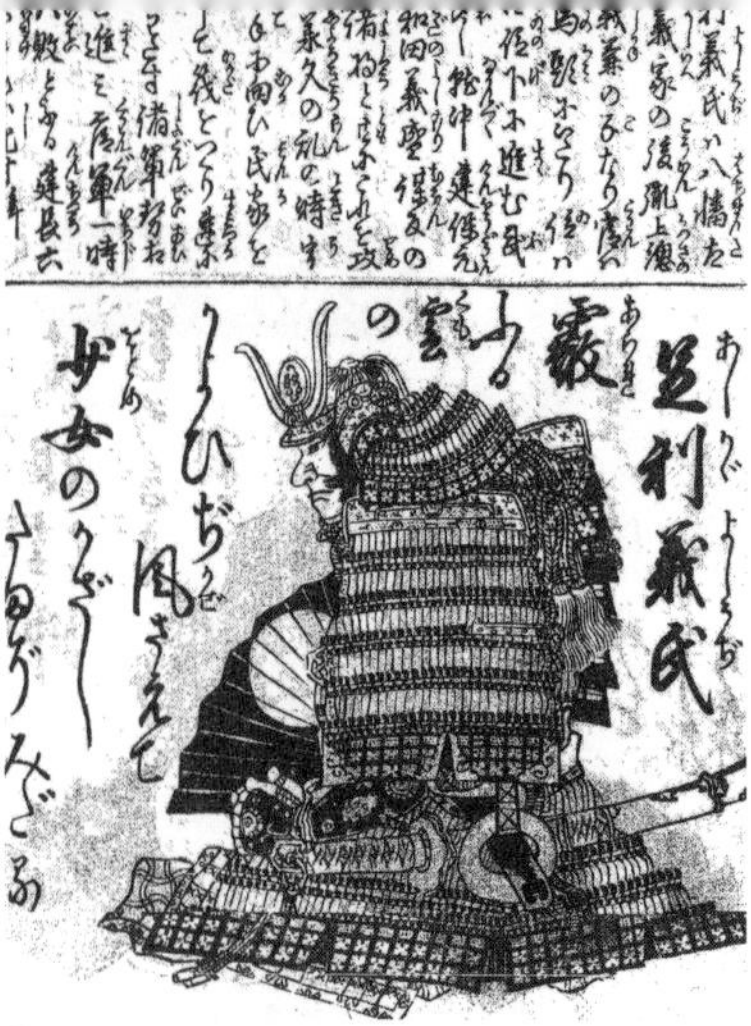

「武家百人一首」国文学研究資料館蔵

建暦3（1213）年、鎌倉市街地を舞台にした和田合戦が勃発。義氏は幕府軍の一員として参戦した。和田義盛の息子・朝比奈義秀と一騎討ちに挑んだ義氏は鎧の袖を引きちぎられたが逃げ切ったという。

承久3（1221）年に起きた承久の乱では、上皇に刃を向ける反逆行為はできないとする守勢派だったが、結局参戦し戦功を挙げた。その恩賞として、京都と鎌倉の中間点にあり東西交流の要衝だった三河国守護職と、額田郡、碧海荘、吉良荘の地頭職にそれぞれ就いている。

宝治元（1247）年の宝治合戦でも北条氏側に付き、武功を挙げた。戦で自害した千葉秀胤の没収所領を獲得。さらに足利家の勢力を発展させることに成功した。

EPISODE

北条政子の十三回忌に大仏殿を建立

嘉禎4(1238)年、義氏は伯母にあたる北条政子の十三回忌に当たって、政子が夫・源頼朝と息子・源実朝の菩提を弔うために建てた高野山の金剛三昧院に大仏殿を建立。大日如来像を奉安して、政子と実朝の遺骨を治めている。金剛三昧院は国宝・多宝塔のほか重要文化財を多数所蔵している。

承久の乱・幕府側

数々の戦功を挙げた東山道の大将軍

武田信光

たけだ・のぶみつ

応保2（1162）年〜没年不詳

信光が開基した信光寺（静岡県伊豆の国市）にある廟所

甲斐武田氏初代当主・武田信義の五男。長兄・一条忠頼が謀反の疑いをかけられ源頼朝に誅殺されていたことに加え、残る3人の兄たちも頼朝の不興を買っていたことから、信光が家督を継いでいる。

治承4（1180）年、頼朝の挙兵に合わせて信光も父・信義とともに挙兵。駿河国へ南下し平氏方の駿河国目代・橘遠茂と戦った。鉢田の戦いだ。この戦いで信光は、遠茂を生け捕りにするという軍功を挙げている。その後、頼朝の傘下に入り、平氏追討軍に加わり各地の戦に従軍。文治5（1189）年の奥州合戦にも頼朝軍として加わっている。

その後、建仁3（1203）年の阿野全成の捕縛や、建暦3（1213）年の和田合戦でも存在感を示した。

承久3（1221）年、承久の乱が起こると、小笠原長清とともに東山道大将軍として5万の兵を率い出陣。大井戸渡での戦いなどで上皇軍を打ち破り、京都へと攻め上がった。その戦功により、安芸国の守護に任命されている。

延応元（1239）年に出家し、武田信政に家督を譲った。

EPISODE

弓や馬の腕に覚えあり「弓馬四天王」と呼ばれる

弓術や馬術の流派として知られる武田流の始祖と言われる父・信義と同様、信光も弓術や馬術に優れた才能を発揮。承久の乱で東山道を攻め上がった小笠原長清、鎌倉時代初期を代表する弓の名手の海野幸氏、流鏑馬で東国代表になった望月重隆らと共に「弓馬四天王」と呼ばれた。

承久の乱・幕府側

平氏を裏切り頼朝についた弓馬術の名手

小笠原長清

おがさわら・ながきよ

応保2（1162）年〜仁治3（1242）年

「前賢故実」国立国会図書館蔵

甲斐源氏・加賀美遠光の二男。遠光の所領のうち、甲斐国巨摩郡小笠原郷を相続し、小笠原姓を名乗った。

小笠原家の始祖でもある。弓馬の術に優れ、武田信光らとともに「弓馬四天王」と呼ばれるほどの存在。弓術、馬術、礼法の流派である小笠原流の始まりも長清だと言う説もある。

京都で平清盛の四男・平知盛に仕えていたが、治承4（1180）年に源頼朝が挙兵をしたという話を耳にすると、平氏を裏切ることを決意。頼朝の下に馳せ参じた。長清と同じく知盛に仕えていた橘公長は、長清の仲介によって頼朝の傘下に入っている。

源平の戦いで数々の武功を挙げた長清は、頼朝からの信頼も厚かった。養和元（1181）年には、頼朝の仲介で有力御家人の一人・上総広常の娘と結婚。文治元（1185）年には頼朝の推挙で父・遠光が信濃守に任じられた。信濃守職は、後に長清が相続している。

承久3（1221）年に勃発した承久の乱では、信光とともに東山道大将軍となり、京都へ攻め上がった。その恩賞として、阿波国守護に任命されている。

EPISODE

母を見舞うと嘘をつき頼朝の下へと馳せ参じる

『吾妻鏡』によれば、仕えていた知盛を裏切って、挙兵した頼朝軍に加わることを決意した長清は、高齢で病気を患っている母を見舞うため、暇をもらい、甲斐国に帰りたいと申し出た。許しを得た長清は急いで頼朝の下へ駆けつけた。合流できたのは、富士川の戦いの前日だったと言う。

承久の乱・幕府側

頼朝を烏帽子親に持つ幕府の重鎮

結城朝光

ゆうき・ともみつ

仁安3(1168)年〜建長6(1254)年

治承4(1180)年、源頼朝が烏帽子親となって元服する。翌養和元(1181)年に頼朝の寝所を警備する11人のうちの一人に選ばれた。頼朝から信頼されている忠実な家臣の一人だった。

寿永2(1183)年、頼朝追討を掲げ、志田義広が鎌倉に攻め入ろうとした際、鶴岡八幡宮で頼朝の必勝祈願をした。『吾妻鏡』によれば、朝光は「義広が敗れる」という神のお告げを話し、頼朝から称賛されたという。義広を鎮めた朝光には恩賞として下総国結城郡が与えられ、結城を名乗るようになった。

承久3(1221)年の承久の乱では、東山道軍の将の一人として参戦した。乱の後は宿老の一人として幕府内で重んじられ、嘉禎2(1235)年には三代執権・北条泰時が設置した評定衆に選ばれている。

歴史スポットを訪ねる 4

数々の合戦が行われた

宇治川

びわ湖を源流にし、京都の南部を流れる宇治川。京都防衛のための要衝となるため、何度かこの川を挟んで合戦が行われている。平安時代から鎌倉時代にかけては、二つの大きな戦いが繰り広げられた。

一つは寿永3(1184)年に行われた源頼朝と木曽義仲の戦い。京都にいた義仲が、頼朝の命を受けて進攻した源義経の軍勢の入京を阻もうとしたが突破を許している。佐々木高綱と梶原景季の先陣争いは有名だ。

もう一つは承久3(1221)年の後鳥羽上皇軍と鎌倉幕府軍との戦い。上皇軍は最後の防衛戦と死守を誓ったが、北条泰時率いる幕府軍の進攻を許し、上皇軍の敗北が決定的となった。

穏やかに流れる川面からは想像できないが、多くの兵が戦いに挑み、命を落としている。

承久の乱・上皇側

承久の乱で敗走した在京御家人

大内惟信

おおうち・これのぶ

生没年不詳

惟信が戦った承久の乱・木曽川合戦の激戦地周辺に立つ虚空蔵堂(岐阜県美濃加茂市)

叔父の平賀朝雅が牧氏事件で誅殺されると、朝雅が務めていた伊賀・伊勢国の守護を継承した。

在京の御家人として、京都の治安維持にあたった。後鳥羽上皇の命令に従い、興福寺や延暦寺などの寺社による強訴鎮圧の役割も果たしている。

承久の乱では、後鳥羽上皇方につくことに。手始めに、上皇の召集に応じなかった伊賀光季の屋敷の襲撃に加わっている。

幕府軍と上皇軍が初めて交戦することになった大井戸渡での戦いでは、木曽川を挟んで武田信光、小山朝長、結城朝光ら幕府軍を迎え撃った。信光や小笠原長清らが川を渡り、火蓋が切って落とされたこの戦いで、惟信は２０００騎あまりの兵を率いた。上皇軍は奮闘を見せたものの敗走。これにより上皇軍全体が退却を余儀なくされた。

承久の乱敗北後、10年ほど潜伏生活を送っていた。『明月記』によれば、寛喜２(１２３０)年、比叡山の僧によって捕縛され、その後、西国へ配流されたという。

EPISODE

比叡山で10年間逃亡生活を送る

承久の乱の後、惟信は比叡山へと逃げ延びて、10年ほど潜伏を続けた。出家をして庵室で暮らしていたという。ところが、比叡山の僧兵に見つかり、協力者である郎党らと共に捕らえられてしまう。幕府側に引き渡された惟信だが、死刑は免れ、西国へ配流されることになったという。

承久の乱・上皇側

後鳥羽上皇に従った幕府の在京御家人

佐々木広綱

ささき・ひろつな

生年不詳～承久3（1221）年

馬淵氏を称した広綱が社殿を建立したと伝わる八幡社（滋賀県近江八幡市/現在の社殿は1596年に再建）/滋賀県文化財保護課提供

鎌倉幕府の在京御家人。京都警護の傍ら、鎌倉幕府への連絡役を果たしていたが、次第に後鳥羽上皇との関係を深めていく。元久2（1205）年、牧氏事件に関わった平賀朝雅の討伐に協力し、後鳥羽上皇より家紋を賜った。建保4（1216）年には盗賊を逮捕した功で検非違使に任官。同6（1218）年には、延暦寺の僧兵による強訴を沈静化するため、後鳥羽上皇より北面武士に取り立てられている。さらに承久3（1221）年には山城守に補任された。

同年、承久の乱が始まると、広綱は西面武士として後鳥羽上皇軍に加わることに。上皇の命令に従い大内惟信、三浦胤義らと京都守護・伊賀光季の屋敷を襲撃した。その後、東山道を進んでくる幕府軍を迎え撃つため、胤義のほか藤原秀康や小野盛綱らと1万騎あまりの兵を従えて美濃国摩免戸へと向かう。しかし、数で圧倒する幕府軍の猛攻に耐えきれず、京都へと敗走した。最期は幕府軍に捕らえられ、処刑されている。

EPISODE

広綱の首を斬ったのは弟で幕府軍の信綱

『吾妻鏡』によると、宇治川の戦いで敗れた広綱は、幕府軍に捕らえられ、京都の六条河原で処刑されることになった。一度は北条泰時によって助命されたが、弟・信綱がこれに反対。信綱に引き渡され斬首されたという。上皇軍と幕府軍に分かれた兄弟の明暗がはっきりと分かれる場面となった。

承久の乱・上皇側

最後まで抵抗を見せた上皇軍の大将軍

三浦胤義

みうら・たねよし

生年不詳～承久3（1221）年

父は初代将軍・源頼朝の重臣・三浦義澄で、兄は三浦義村。頼朝の右筆だった一品坊昌寛の娘を正室としている。

元久2（1205）年、謀反を起こそうとした畠山重忠の追討や、建暦3（1213）年の和田合戦で功を挙げ、上総国伊北郡を拝領するなど、鎌倉幕府の有力御家人として活躍した。

その後、二代執権・北条義時と反目。京都へ行き、検非違使に任じられている。『承久記』によれば、承久の乱が始まる前には、首謀者の一人、藤原秀康に誘われて後鳥羽上皇軍の挙兵計画に参加。軍議で「朝敵となった義時に味方するものは1000人もいない」との見通しを示した。胤義はさらに兄の義村に密書を送った。上皇軍に参加するように促すものだったが、断られている。

承久の乱が始まると、胤義は大将軍として上皇軍を指揮。しかし、美濃国での戦いや宇治川の戦いではいずれも幕府軍に敗れてしまう。京都へ逃げ込んだ胤義は東寺に立てこもり、義村ら幕府側の三浦一族らと激しく争った。敗戦を悟った胤義は太秦にある木嶋で自害している。

承久の乱で立てこもり、幕府方と交戦したとされる東寺（京都府京都市）

EPISODE

北条政子の演説で名指しで非難される

『吾妻鏡』によれば、承久の乱の勃発前、胤義は義村に密書を送ったが、義村はこの密書を幕府に届けたため、上皇挙兵の動きが明らかになった。それを受けて北条政子は幕府軍の挙兵を呼び掛ける名演説を行った。政子は胤義が乱の中心人物の一人とみなし、胤義のことを逆臣と非難している。

承久の乱・上皇側

後鳥羽上皇とともに承久の乱を首謀

藤原秀康《ふじわらの・ひでやす》

生年不詳～承久3（1221）年

畿内近国の武士の一族。北面武士、西面武士を歴任した。このほか、下野、伊賀、河内、備前、能登などの国司を務め、「富裕並びなき者」などと称された。

北条義時と同等の従四位下に昇進するなど、武士として破格の扱いを受けている。背景には、鎌倉幕府における北条家のように、秀康を新たな武士の棟梁に仕立てたいとする後鳥羽上皇の考えがあったと思われる。

後鳥羽上皇が二代執権・北条義時の追討を企てると、秀康もその計画に参画。在京御家人の三浦胤義を味方に引き入れるなど計画を進めた。

承久3（1221）年に挙兵した際は大将軍として上皇軍を率いた。美濃や宇治川で幕府軍を迎え撃ったが圧倒され敗走。末弟の藤原秀澄と奈良に潜伏していたが見つかり、処刑されている。

承久の乱・上皇側

臆病風に吹かれた、〝心のたるんだ武者〟

藤原秀澄《ふじわらの・ひでずみ》

生年不詳～承久3（1221）年

後鳥羽上皇とともに北条義時の追討計画を立てた藤原秀康の弟。上皇に仕え、北面武士、西面武士、帯刀、河内判官などを歴任した。

承久の乱では、後鳥羽上皇側につき参戦。東海道を進攻する幕府軍を迎え撃つため、秀澄は上皇側の大将軍として美濃国墨俣に陣を敷いた。行動をともにした山田重忠は兵力を集中して機先を制するべきとする積極策を提言したが、秀澄はこれを聞き入れず兵力を分散させて敵の出方を窺った。結果は上皇側の大敗。秀澄はやっとの思いで京都へと逃げ帰った。『承久記』では、臆病風に吹かれて消極的な策に終始した秀澄を「心のたるんだ武者」などと酷評。

進軍を止められなかった上皇側は幕府軍の入京を許し敗北。秀澄も逃走したが捕らえられ、処刑されている。

承久の乱・上皇側

孤軍奮闘した上皇軍の武将

山田重忠

やまだ・しげただ

生年不詳～承久3（1221）年

山田氏は美濃国、尾張国で大きな勢力を誇った美濃源氏の一族。重忠は、源頼朝をはじめ、鎌倉幕府が美濃源氏の勢力を削ぐために冷遇していると感じ、後鳥羽上皇に仕えた。

承久3（1221）年、後鳥羽上皇が挙兵をすると、水野高康ら一族とともに、上皇の元へ馳せ参じている。幕府軍を迎え撃つため美濃国墨俣に陣を敷いた重忠は、後鳥羽上皇軍の大将軍を務めた藤原秀澄に対して、兵力を集中して機先を制すべきとする積極策を提言する。しかし、「天性臆病武者」などと揶揄された秀澄は、重忠の進言には耳を貸さず兵力を分散させる消極策を用いた。結局、美濃に敷いた防御網は幕府軍によってあっさりと打ち破られている。

戦意を喪失し、早々と逃げる上皇軍の兵が多い中、重忠は一人気を吐いた。「このまま退却するのは武士の名折れ」とわずか300騎余りの兵を率い杭瀬川へ陣を張った。10倍の幕府軍に抵抗を見せたが、撤退を余儀なくされた。敗色が濃厚になる中でも重忠は奮戦を続けたが、最後には自害した。

「前賢故実」国立国会図書館蔵

EPISODE

後鳥羽上皇に裏切られ親子ともども自害する

瀬田の戦いなどで敗れた重忠たちは、京都へ戻る。幕府軍が攻め入るのは時間の問題。重忠らは御所に立てこもり、幕府軍を迎え撃とうとした。しかし、後鳥羽上皇は御所の門を開けることはなかったという。重忠は「臆病者の主君にだまされた。これでは無駄死に」などと叫んで悔しがったという。

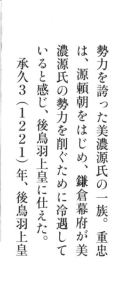

承久の乱・上皇側

上皇側につき不遇の道をたどった伊予国の武将

河野通信

かわの・みちのぶ

保元元（1156）年～貞応元（1222）年

伊予国で有力な武士団を組織した御家人。治承4（1180）年に源頼朝が挙兵をすると、これに呼応し伊予国の平氏勢力と交戦した。元暦2（1185）年、源義経が平氏討伐のため四国へ進軍してくると、30艘の軍船を用意してこれに合流。壇ノ浦の戦いにも参戦し、平家滅亡に貢献した。

この功績で鎌倉の御家人となり、頼朝に直接臣従することが許された。その後は鎌倉に常駐。奥州合戦にも従軍し、梶原景時排斥にも貢献するなど、幕府内で重用されていた。さらに、伊予国内の御家人32人を支配下に置く強い権限が与えられたとも言われている。さらに北条時政にも気に入られ、彼の娘を妻にめとったと伝えられる。

鎌倉幕府と深い関係があったが、承久の乱では、後鳥羽上皇の側についた。息子の通政と孫の通秀が西面武士だったためだと考えられている。通政とともに伊予国へ戻り高縄山城にこもって反攻を続けたが、降伏。捕虜となり陸奥国へ配流された。

「前賢故実」国立国会図書館蔵

EPISODE

通信はなぜ上皇側についたのか

頼朝の忠臣で、北条家との縁が深かった通信は、なぜ承久の乱で後鳥羽上皇側についたのか。息子の通政らが西面武士だったとする説、通信と北条家が不仲だったという説、通信自身に後鳥羽上皇との繋がりがあったという説、伊予国守護の宇都宮氏と対立していたからという説などさまざまある。

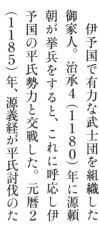

承久の乱・上皇側

後鳥羽上皇に従った在京御家人

五条有範《ごじょう・ありのり》

生年不詳～承久３（１２２１）年

父母兄弟はもとより、家系も明らかではないが、平氏の系譜であったと思われる。

検非違使となり「五条判官」と呼ばれた有範は、筑後守を務め、従五位下の官位を叙されていた。鎌倉新御堂・大慈寺に三代将軍・実朝が供養に訪れた際のお供をしたと思えば、後鳥羽上皇から北面武士、西面武士に任命されるなど、有範は幕府と朝廷の双方から頼りにされる存在だったようだ。

在京御家人で、元久２（１２０５）年の牧氏事件の際は、北条義時の命令を受け、後藤基清、佐々木広綱らとともに京都守護・平賀朝雅の追討に尽力した。

承久の乱では上皇軍につき、伊賀光季誅殺の指揮を執っている。戦に敗れると入京してきた幕府軍に捕らえられる。北条家からの恩を忘れた恥知らずとして処刑されている。

承久の乱・上皇側

頼朝にも後鳥羽上皇にも仕えた在京御家人

後藤基清《ごとう・もときよ》

生年不詳～承久３（１２２１）年

源頼朝に仕えた在京御家人。幕府と朝廷双方にうまく取り入ろうとした。

元暦２（１１８５）年の屋島の戦いで、屋島内《だい》裏《り》に火を放つなど、源氏の勝利に貢献。その恩賞として讃岐国守護に任じられている。その一方で、『吾妻鏡』によれば、断りのないまま官位を得たことに頼朝が激怒。一時鎌倉への出入りが禁じられている。

建久元（１１９０）年、頼朝が上洛。右近衛大将拝賀の際の７人の布衣侍に、三浦義澄や工藤祐経らとともに選ばれている。正治元（１１９９）年、源通親の襲撃を企てたことで流罪になった。

再び京都に戻ると後鳥羽上皇に近侍し、西面武士や検非違使を歴任。承久の乱でも上皇軍についた。基清は乱の後に処刑されている。手を下したのは幕府軍についた息子の後藤基綱だった。

承久の乱・上皇側

源翔《みなもとの・かける》

最後まで勇敢に戦った西面武士

生没年不詳

源翔は、先祖・渡辺綱が酒呑童子を退治した伝説が残る「大江山」で自害したと伝わる(場所は京都府の丹後半島の大江山連峰、または京都市と亀岡市の間にある大枝山など諸説ある)

摂津国渡辺に本拠を置く武士団・渡辺党に属する武士。朝廷に西面武士として仕えていた。承久の乱では後鳥羽上皇側についている。

京都を目指す鎌倉幕府の軍勢が遠江国へ着いたとの知らせを受け、京都では公卿たちによる会議が行われた。軍勢の派遣先が振り分けられ、源翔は滋原左衛門と共に上瀬で陣を張ることが決まった。ただでさえ少ない兵力を細かく分散したために、幕府軍にやすやすと突破を許すことになった。

京都へ戻った翔は、宇治川の戦いに臨むも幕府軍を止められず入京を許し、敗北が決定した。

翔はともに戦った三浦胤義や山田重忠らと上皇の御所へ行き門を開けるように頼んでいる。討ち死に覚悟で御所に立てこもり、最後の戦いに挑もうと考えていたためだ。しかし、上皇は「自分が攻撃されるのは不本意だから早く立ち去るように」とつれない態度だったという。上皇に門前払いをされた翔たちは入京する幕府軍の軍勢に最後の戦いを挑んだが敗れている。

EPISODE

名乗りを挙げ最後の戦いに挑む

「渡辺党の勇猛果敢な千騎の中でも名の知れた愛王左衛門翔とは私のことだ」。そういって勇猛果敢に名乗りを挙げた翔は、入京してきた幕府軍を相手に武士として最後の戦いに挑むことに。翔は大江山へ敗走した後、山中で自害したと考えられている。

その他

文覚《もんがく》

頼朝に挙兵を促した僧侶

保延5（1139）年～建仁3（1203）年

文覚上人画像/東京大学史料編纂所所蔵模写

摂津国渡辺党の遠藤茂遠の子で、俗名は遠藤盛遠。北面武士として鳥羽天皇の皇女・上西門院に仕えていたが19歳で出家した。『源平盛衰記』によれば、恋愛感情を抱いた同僚の渡辺渡の妻・袈裟御前を誤って殺してしまったためだという。諸国の霊場を回り、修行を重ねた。

修行の旅を終え、京都の神護寺に住み始めた文覚は、承安3（1173）年に後白河法皇を訪ねている。寺を修復するために荘園を寄進してほしいと強訴するためだ。無理な要求に怒った法皇によって、文覚は伊豆国へ配流されることになった。

伊豆国で文覚は、運命の出会いをする。相手は同じく流罪となっていた源頼朝だ。文覚は頼朝の元へ足繁く通い、彼の話し相手になっていたという。治承3（1179）年、京都に戻っていた文覚は、平清盛が対立関係にあった後白河法皇を幽閉したことに憤りを覚え、頼朝に打倒平氏を促した。こうした文覚の姿勢も頼朝が挙兵をする後押しとなったに違いない。

EPISODE

数々の寺院を復興 神護寺中興の祖

神護寺中興の祖として、文覚は鎌倉幕府の中で大きな影響力を持つようになった。彼が復興を手掛けた寺院は神護寺のほか、東寺、高野山大塔、東大寺、江の島弁財天など多数にのぼる。しかし、頼朝という後ろ盾をなくすと、次第にその影響力を失い、最期は対馬国への配流途中で客死している。

その他

今井兼平

木曽義仲に最期まで付き従った「義仲四天王」

いまい・かねひら

仁平2（1152）年～寿永3（1184）年

木曽義仲の乳兄弟として信濃国木曽で一緒に育ち、治承4（1180）年に平氏追討のため挙兵してからは、側近として義仲と行動をともにした。

養和元（1181）年に信濃国横田河原で越後平氏の城長茂軍を打ち破ると、義仲軍は北陸を進軍。越中国での般若野《はんにゃの》の戦い、砺波山を舞台にした倶利伽藍峠の戦い、加賀国で行われた篠原の戦いと連戦連勝を収めた。ついには在京の平氏一族を都落ちさせ、京都へと攻め入った。

上洛した義仲は、後白河法皇と次第に対立。朝廷への謀反を企てる義仲に対し、兼平は一度諫《いさ》めたが、最後は義仲の決断に従った。義仲は御所の法住寺殿を襲撃。兼平は後白河法皇と後鳥羽天皇を幽閉するなどの活躍を見せた。

その後、後白河法皇は義仲追討を指示。源頼朝が派遣した東国武将の大軍によって義仲軍は惨敗を喫した。義仲は兼平らわずかの兵を引き連れて逃走を図ったが、敵の矢に射られる。兼平は義仲の死を見届けた後、自らも命を絶った。

「前賢故実」国立国会図書館蔵

EPISODE

散り際で兼平が見せた武士の矜持

『平家物語』によれば、義仲と兼平の最期は壮絶だった。「一緒に討ち死にしよう」と言う義仲に対し、兼平は「最後に不覚をとっては名に傷が付く」と自害を促すが、義仲は敵の矢に射られる。それを見届けた兼平は口に太刀を含み、馬上から飛び降りると、太刀が兼平の体を貫いたという。

その他

陳和卿

東大寺の大仏を修復した宋の工人

ちん・わけい（なけい）

生没年不詳

中国・南宋出身の工人。治承4（1180）年の兵火により焼失した東大寺の再興にあたっていた僧侶・重源に招かれ、弟の陳仏寿らとともに鋳造や建築関係の技術者として事業に参画。

この功績で播磨国大部荘などの荘園が与えられるが、和卿はその荘園を東大寺へ寄進してしまう。

建保4（1216）年、鎌倉へ行き、三代将軍・源実朝に謁見。涙を流して喜んだという。『吾妻鏡』によれば、和卿は、「実朝の前世は中国にある医王山の長老で、和卿はその門弟だった」などと述べている。和卿の言葉は、実朝が5年前に見た夢の中に出てきた高僧の言葉と同じような内容であったため、実朝は和卿を信任するようになったという。

仏頭などを鋳造し東大寺（奈良県奈良市）の大仏を修復した（現在の頭部は江戸期の鋳造）/一般財団法人奈良県ビジターズビューロー提供

EPISODE

宋へ渡るための船の造営に失敗

すっかり和卿を信用した実朝は、宋へ渡ることを思いつき、和卿へ船の建造を依頼。大きな船が完成し、由比ケ浜から出航させようとしたが、船が海に浮かぶことはなかった。船はそのまま砂浜に放置。しばらくすると朽ち果ててしまった。この一件以来、和卿の消息は不明。

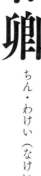

本書に登場するキーワード

あ行

【石橋山の戦い】

治承4（1180）年、相模国石橋山を舞台に行われた、源平合戦の一つ。平氏追討のための挙兵後、伊豆国目代・山木兼隆を倒した源頼朝率いる軍勢が、相模国を本拠とする有力武将・大庭景親らと対戦した。結果は景親軍の大勝に終わる。頼朝は命からがら安房国へ逃げ延びている。


【院政】

上皇あるいは法皇が、天皇に代わり政務を行った政治体制のこと。応徳3（1086）年に白河上皇が、政治の主導権を摂政・関白から取り戻すために行ったのが始まりと言われる。保元の乱や平治の乱に関わった後白河法皇は34年、承久の乱を起こした後鳥羽上皇は23年と、長きにわたって院政を敷いていた。


【奥州合戦】

文治5（1189）年、源頼朝が平氏を滅亡させた後、最大の脅威となっていた奥州藤原氏を討伐した戦い。頼朝が源義経の引き渡しを要求したため、四代当主となった藤原泰衡は義経を自殺に追い込んだ。しかし頼朝は、奥州藤原氏が義経を匿まっていたことを口実に大量の軍勢を引き連れて奥州へ遠征。奥州藤原氏を滅亡に追い込んだ。この勝利で頼朝は陸奥・出羽両国を支配下に収めた。

か行

【鎌倉幕府】

源頼朝が鎌倉に樹立した武家政権。成立時期はさまざまな解釈があるが、治承4（1180）年に平氏を破り鎌倉に本拠を構えて以降のことになる。幕府の基盤となる支配体制は、将軍と御家人との主従関係をもとに確立。将軍は御家人に所領の給付や安堵などの「御恩」を与える一方、御家人には大番役をはじめとする軍事上や経済上の「奉公」を求めた。


【倶利伽羅峠の戦い】

寿永2（1183）年、越中国と加賀国の境界にある砺波山の倶利伽羅峠で行われた、源平合戦の一つ。木曽義仲率いる源氏の軍勢と平維盛率いる平氏の軍勢が激突。激しい戦いの末、義仲の軍勢が勝利を収めた。この勝利で義仲は京都へ進攻し、平氏は都落ちを余儀なくされた。源平合戦での源氏方の勝利を方向づける山場の戦いになった。


【源平合戦】

治承4（1180）年から元暦2（1185）年まで、栄華を極めた平氏と、その追討を画策する源氏との武家同士の間で6年にわたって繰り広げられた戦い。「治承・寿永の乱」とも呼ばれる。平家を滅亡に追い込んだ源氏が鎌倉幕府を開き、武家の頂点へと上り詰めた。


【後三年の役】

永保3（1083）年から寛治元（1087）年にかけて、奥州で行われた内乱。前九年の役での功績で鎮守府将軍に任じられていた清原氏の内紛に陸奥守・源義家が介入、鎮圧した。この戦いで義家に助けられた藤原清衡は奥羽の地に奥州藤原氏の礎を築いている。


【御成敗式目】

貞永元（1232）年に制定された日本

初の武家法典。それまで公家の法律だった律令を武士の習慣や実態に合わせて定めている。三代執権・北条泰時の発案で、評定衆らの合意を得て、制定・発布された。51カ条からなっている。

さ行

【西面武士】

後鳥羽上皇の時代に設置された武家集団。御所の西面での警備に当たった。在京御家人や検非違使などの武士で構成され、上皇の私兵としての性格が強かった。一方の北面武士は白河法皇の時代に設置されている。御座所に近い御所北面で上皇の身辺警護に当たらせた。


【執権】

将軍を補佐し、政務を統括した鎌倉幕府内の最高職。三代将軍・源実朝の時代に北条時政が初めて執権職に就任。権力を掌握し、実質的に幕府を動かした。時政の地位を継いだ北条義時は、侍所と政所の別当を兼務するなど幕政の最高権力者として、辣腕を振るっている。以降、北条家が独占的に執権職を世襲している。


【承久の乱】

承久３（１２２１）年、後鳥羽上皇が北条義時追討を目指して起こした乱。後鳥羽上皇は義時追討の院宣を発したが、思うように味方を集められなかった。反対に幕府側は北条政子と義時を中心に結束。京都へ進軍し上皇軍をわずか1カ月で破った。この戦いを契機に朝廷の権力は地に落ち、幕府は権勢を拡大。北条氏による執権体制がさらに強固なものとなっている。


【征夷大将軍】

本来の意味は、朝廷から任命された蝦夷《えみし》を征伐するための軍勢の総指揮官のこと。寿永３（１１８４）年、北陸道の戦いで平氏軍を破り京都へと攻め入った木曽義仲が征夷大将軍に任命されている。武士の棟梁としてふさわしい官名として賜った。鎌倉に武家社会を樹立した源頼朝も、後白河法皇の反対にあっていたが、法皇の死後の建久３（１１９２）年に任命されている。


【前九年の役】

永承６（１０５１）年から康平５（１０６２）年にかけて陸奥国の豪族・安倍氏が起こした反乱。源頼義・義家親子が鎮圧し、源氏が東国に勢力を築くきっかけとなった。実際は12年かかっているのに「前九年の役」と呼ばれたのは、「後三年の役」と合わせたものとみなされ、12年から3年を引いた前半の9年と誤認されたとの説もある。

た行

【壇ノ浦の戦い】

元暦２（１１８５）年、長門国赤間関壇ノ浦で行われた源平合戦最後の戦い。源義経が率いる源氏軍が勝利を収めた。総大将として平氏軍を率いた平宗盛は捕らえられた後に処刑された。多くの平氏の軍勢は戦死または入水自殺をしている。平氏の軍勢と行動を共にした安徳天皇も入水した。この戦いで平家は滅亡している。


【朝廷】

古代日本では天皇を中心に政治を行う仕組みが出来上がっていた。天皇が政治を行う場所のことを朝廷という。朝は政治、廷は庭を意味している。朝廷による政治は奈良時代、平安時代と続いたが、鎌倉時代になると政治の実権は幕府に移り、その政治体制は江戸幕府が倒れるまで続いた。

は行

【畠山重忠の乱】

元久2（1205）年、北条時政が起こした有力御家人排斥事件。謀反の嫌疑をかけられた畠山重忠は、時政からの重忠追討の命令を受けた息子・北条義時の大軍によって滅ぼされた。義時は、事件後に時政の謀略だったことに気付いている。この事件で、時政と義時の親子関係は修復不能となった。

【比企能員の変】

建仁3（1203）年に起きた鎌倉幕府内部で起こった政変。二代将軍・源頼家が危篤状態となり、幕府内でも有力な御家人だった比企能員と北条時政の間で後継者を巡り意見が対立。能員が自分の殺害を企図していることを知った時政が、能員を暗殺した上に比企一族もろとも殺害した。ライバルを蹴落とした時政は、さらに幕府内での権勢を強め、やがて執権となっている。

【平治の乱】

平治元（1159）年に起きた内乱。保元の乱では味方同士であったのに、後白河上皇の側近・信西（藤原通憲）に引き立てられた平清盛ばかりが厚遇される状況に不満を募らせた源義朝が起こした。この戦いに勝利した清盛は平氏政権を打ち立てている。

【保元の乱】

保元元（1156）年に京都で起こった政変。崇徳上皇と後白河天皇による皇位継承を巡る争いに、平清盛や源義朝をはじめとする武士の力が利用されることになった。この戦いにより、清盛らが中央政界に進出を果たしている。

ま行

【牧氏事件】

元久2（1205）年、鎌倉幕府初代執権の北条時政とその妻・牧の方が、三代将軍・源実朝に代わって、娘婿の平賀朝雅を将軍に据えようと画策したものの失敗に終わった事件。時政と牧の方は伊豆国へと配流され、代わって北条政子と北条義時が幕府の実権を握るようになった。

や行

【屋島の戦い】

元暦2（1185）年に讃岐国屋島で行われた源平合戦。瀬戸内の制海権を握る平氏が本拠としていた屋島に、源義経が奇襲を仕掛け勝利に導いている。暴風雨の中、阿波国勝浦にわずか5艘の船で上陸した義経は民家に火を放ち、大軍が押し寄せているように見せかけ平氏軍を敗走させた。

ら行

【六波羅探題】

承久の乱の後、鎌倉幕府が京都に設置した役職。公家の行動監視、京都の警護、西国御家人の統制などの任務に当たった。北方と南方の2人体制で、後に三代執権となる北条泰時と叔父の北条時房が初代を務めた。

わ行

【和田合戦】

建暦3（1213）年、鎌倉の市街地を舞台に繰り広げられた戦い。二代執権・北条義時の挑発に乗った有力御家人・和田義盛が引き起こした。元は和田対北条の家門同士のぶつかり合いだったが幕府中を巻き込む一大事へと発展した。この戦いで和田家は滅亡。義盛が務めていた侍所別当を義時が兼務することになり、執権への権力集中が加速した。

INDEX

（参考文献）
「源氏将軍断絶 なぜ頼朝の血は三代で途絶えたか」（PHP新書）
「承久の乱 真の『武者の世』を告げる大乱」（中公新書）
「鎌倉殿と執権北条氏 義時はいかに朝廷を乗り越えたか」（NHK出版新書）
「日本史大図解 承久の乱」「日本中世史最大の謎！ 鎌倉13人衆の真実」（宝島社）
「歴史人 2021年7月号」（ABCアーク）
※上記の他、鎌倉市、横須賀市、伊豆の国市、小田原市ほか各自治体のホームページなどを参考にしました。

装丁　長谷部貴志（長谷部デザイン事務所）
本文デザイン　伊藤直子（株式会社ネオパブリシティ）
編集製作　株式会社ネオパブリシティ

激動の鎌倉時代を駆け抜けた者たちの生涯を描く
北条義時と同時代を生きたキーパーソンたち

第1刷　2021年12月14日

著者　「北条義時と同時代を生きたキーパーソンたち」製作委員会

発行者　田中賢一

発行　株式会社東京ニュース通信社
〒104-8415 東京都中央区銀座7-16-3
電話 03-6367-8080

発売　株式会社講談社
〒112-8001 東京都文京区音羽2-12-21
電話 03-5395-3606

印刷・製本　株式会社シナノ

ISBN978-4-06-526559-8